15分間の「朝鑑賞」が
子どもの自己肯定感を育む

教師が「教えない人」になれる時間

青木善治 [著]

東洋館出版社

はじめに

　変化が激しく、唯一の正解というものがないこれからの時代に、教師に求められているのは、「教える専門家」から「学びの専門家」に変容することです。すなわち、子どもにどう教えるのかではなく、子どもが主体的に学ぶにはどうしたらよいのか、学びのサポートに重きをおくことが求められています。そこで、本書では、教師が「教えない人」すなわちファシリテーター（人と人が学び合う場をつくり、その場が深まるように促す人）になることで、教師自身にも子どもにも変容をもたらす「朝鑑賞」の魅力について紹介します。

　朝鑑賞とは、美術の知識をもとにして作品と向かい合うのではなく、作品に対する自分の見方や感じ方、考え方を他者と交流しながら楽しむ対話型鑑賞法です。この活動を朝の始業前の 10 ～ 15 分間、月に 1、2 回行うだけです。朝学習の時間を活用すれば、時間確保の困難さもありません。また、評価の必要もありません。子どもたちを評価の対象としてではなく、一人一人の人間として、ありのままに見つめる時間にもなります。「子ども観」や「学び観」を捉え直す機会にもなるでしょう。教師が、子どもたちの多様な考えを引き出し、つなげるファシリテーションスキルを身に付ければ、子ども主体の授業づくりにも生かされます。すなわち、「主体的・対話的で深い学び」の礎になるのです。

　その結果、子どもたちにとって学校や教室が居心地のよい場となり、子ども同士の関係が変わり、子どもと先生の関係も変わり、子どもの「自己肯定感」も高まります。

　本書が、読者のみなさまにとって、「学びの専門家」に変容するきっかけの一助となれば幸いです。

もくじ 教師が「教えない人」になれる時間

第3章 朝鑑賞を始めよう

第1章

今、求められている「生きるための学び」

2030 年は、より VUCA（Volatility：変動性、Uncertainty：不確実性、Complexity：複雑性、Ambiguity：曖昧性）、すなわち予測困難で不確実、複雑で曖昧な時代となることが予測されていますが、すでに今日の子どもと教育をめぐる状況は混乱に満ちています。新型コロナウイルス感染症やロシアのウクライナ侵攻による影響をはじめ、社会そのものの極めて複雑で解決困難な問題は、教育界にもそのまま持ち込まれていると言えるでしょう。

今、教育に求められているものは一体何でしょうか。稲庭彩和子氏は、こう述べています。

変化が激しく、正解がないこれからの時代に求められているのは、生産性を重視したステレオタイプな成功や達成のための教育ではありません。未知なるものに出会ったときにどう対処するのか。状況をよく観察し、多様な考えや思いを持った人が、対話の場に参加でき、存在を認め合える『生きる意味を創造する学び』こそが、持続可能な未来へと私たちを導くでしょう。*1

子どもを未成熟な存在とみなし、知識や価値を効率よく合理的に伝達することに重点が置かれる時代が長く続いてきました。学力の定着をいかに図っていくべきかという表層的な問題に未だに翻弄されているのが現実です。

子どもたちは、外から与えられた様々な枠組みや価値に従いながら生きています。そのような学校生活を通して、「教えられれば教えられるほど学んでいるのだと混同し、進級するのはそれだけ教育を受けて能力を獲得したのだと混同し、免状をもらえればそれだけ能力が高まったのだと混同」*2していくのです。大人が制度化してきた学校教育は、大きな矛盾をはらんでいます。

他者と共に学び生きることの実感が希薄となった子どもたちは、自分が生きていることの根拠でさえ、身をもって感じにくい状況に陥っているのでは

ないでしょうか。この意味は、かけがえのない〈私〉として生きることが保障されない状況を示していると言えます。

そのような子どもたちに対して、私たち教師に求められるのは、従来のように知識や価値を伝達するという役割ではありません。正解のみえない時代において、教師にできることは何なのか。それを考えたときに、「私たち大人は君たちと違う教育を受けてきて、ある種の価値観を学んできているけれども、その価値観に従って生きることでうまく生きのびられるのかどうかもよくわからない。だから、私たちがこれから言うことは、君たちにとっては実は判断材料でしかない。君たちに比べれば、多少なりとも世間的な期待と責任があるけれども、置かれている状況は変わらない。私たちにもよくわからないのだというところから出発しないと、逆に無責任である」*3 と言えます。教師が何でも知っていて、その知識を子どもに与えるという構図はまったく成り立たないということを、教師自身が自覚しなければなりません。そもそも「近代化以前には、近代化達成による喪失感などというものがあるわけがないから、わたしたちは、現代の問題を、過去に学ぶことができないということになる。今の子どもたちが抱いているような寂しさを持って生きた日本人はこれまで有史以来存在しない」*4 と考えられます。つまり、正解を知らない教師と子どもが共に生きていくのがこれからの時代ということです。

私は現在に至るまで、子どもたち一人一人と関わり合って生きる中で、教育をめぐる問題を解決していく手がかりとなりうるものを感じています。それは、この社会をつくりあげてきた我々大人たちが、固定観念をもたない子どもたちと関わり合うことによって、既成の価値観や概念を変革していくことです。すなわち、子どもと共に生きながら自己変容していくことが、今求められているのです。

様々な問題の原因は子どもにあるのではなく、この閉塞的な状況をつくり上げてきた我々大人の問題です。現在の子どもたちの状況に対応する教育を構築するためには、まず、これらの諸問題の原因を自分自身の問題として自覚する必要があるのです。

本書では、正解／不正解のない対話型鑑賞を朝の教室で実践すること、す

なわち「朝鑑賞」の意義とその方法を紹介します。次章から始まる具体的な解説に先立ち、本章では「学び」そのものを捉え直していきたいと考えています。

　なぜなら、朝鑑賞という取り組みが、子どもにとっての本質的な学びを保障する活動となり得るからです。また、教師にとっても、教育活動を根本から捉え直す機会となります。まず本章を通して、本来の学びとはどういうものかを考えることによって、朝鑑賞という活動が、学びの本質を捉えた意義深いものになるだろうと考えているのです。

02　子どもの学びに寄り添う

（1）「子ども」とは何か

　そもそも「子ども」とは一体何なのか、大人になるとはどういうことなのか、そのことから考えてみたいと思います。

　子どもは、まだ世の中のことをよく知りません。それがどんな原理で成り立っているのか、まだよくわかってはいません。

　では、大人はわかっているのでしょうか。ある程度はわかっているでしょうが、全面的にわかっているわけではありません。むしろ大人とは、「世の中になれてしまって、わかっていないということを忘れてしまっているひとたち」*5 なのかもしれません。

　大人の視点からみれば、子どもは大人よりも「劣っている」存在と思われているでしょう。しかしながら、それは「大人という一応完成された虚像を設定し、それに至る過程を分析（このことが問題なのだが……）し、そこに階段を設定して、それに向かって梯子を掛けて一段一段上っていく姿を、子どもたちに重ね合わせた」*6 だけに過ぎません。それを、子どもの真実の姿と思い込んできたのです。

　謙虚な姿勢で子どもと一緒に学び合い、関わり合う姿勢が大切です。この姿勢がない限り、「子ども」のよさやかけがえのなさはみえてこないでしょう。

（2）他者との関わり合いの中に埋め込まれた「学び」について

　これまでの学校教育では、個人の自律を強調して、自分の力だけで学びを完遂していく能力の育成に目標が置かれがちでした。子どもたちは知識や技能を修得しても、学習活動の意味や喜びを、自分自身の活動との関係や周囲の他者との関係において捉えにくい状況にあったことが示されています[*7]。

　「学び」というものは本来、個人の閉じたものではなく、他者との相互交流、支え合いの中で行われる開かれたものとして捉える必要があります。すなわち、子どもたち一人一人が他者と関わり合う中で、一体どのような「学び」がつくられているのか、現象学的に、ありのままにみつめていくことが求められているのです。結果ではなく、プロセスが重要です。

　「学び」の過程では、他者との関わり合いがどのように作用しているのか、相互行為・相互作用といった関係性に着目することが大切です。

03 能動的な学び手として

（1）子どもが「有能である」とはどういうことか

　先述したように、私を含めた大方の教師は子どもたちに知識や価値などをどのようにして効率的、合理的に伝達することができるか躍起になっていた経緯があります。そのような伝統的学習観にとらわれていた大人は、バブルがはじけて「いい学校、いい大学、いい会社イコールいい人生」が幻想であることが明らかになった今でも、社会制度（大学受験制度や採用試験制度など）が変わりにくいこともあり、その幻想から抜けきれずにいます。

　では、本来子どもが「有能である」とはどういうことでしょうか。その本質を考える必要があります。なぜなら、本質を理解しないと、また知識や価値の伝達に陥ってしまう危険性があるからです。

　子どもが「有能である」ということは、正しい知識をもち、正しい答えが言えるということではありません。それは「自分のもっている知識をいろいろ関連づけて、それなりにもっともらしい情報を新しくうみ出すことができ

る、という意味であり」*8、知識が十分でないために誤った解釈をしたり、間違った論を展開させたりすることはよくあることです。誤りがあったとしても、「有能でない」わけではないのです。

　子どもが本来有能な存在であると認める教師は、子どもが様々な探索に向かうように提案し、自分で試してみる自由を保証するように心がけます。

　これは、時間がかかる非効率なことです。答えを知っている大人から見れば、子どもがこれからやろうとしていることが成功する可能性は低いことがわかるでしょう。それでも、子どもは実際に試してみようとするのです。子どもには子どもなりの論理があって、そうします。

　子どもの試行錯誤を認め、その有能さを信頼し得る教師だけが子どもたちの探索に寄り添い、その能動性を尊重することができるのです。「子どもたちが自分で意味のある知識を構成するなどとても無理だし、時間の無駄だ」とはじめから決めつけている教師は、いかに伝統的学習観にとらわれているかということを認識する必要があるでしょう。

　子どもが学ぶということは、「～ができる」ということではありません。「もの」や「こと」と自分との関係をつくること、つくり変えることなのです。そのアプローチは、子どもたち一人一人で異なります。したがって、教師の仕事は子どもと「もの・ひと・こと」といった様々な対象との関係をつなげていくことなのです。

　朝鑑賞は、まさに子どもを「有能な存在」として再認識できる場です。正解／不正解がないからこそ、教師は正しいかどうかのフィルターを通さずに、子どもの発言を尊重することができます。そして、子どもが能動的に学べる場を保障することにつながるのです。朝鑑賞を実施するにあたって、子どもが本来有能であると認めることはとても重要です。

（2）社会的実践としての学び

　「総合的な学習の時間」が導入された背景には、その内容が先にあるのではなくて、子どもが先にあったはずなのですが、なかなかこの考え方は浸透しなかったように感じています。なぜなら、国語や算数のように、教えるべ

き内容やカリキュラムがはじめから明確にないと、どのように学習を進めていけばよいのか見通しをもつことができず、教師は不安になるからです。

　学校では、教科ごとバラバラに物事を教えてきた経緯があります。しかし、世の中の森羅万象は本来みんなつながっています。そういう点では、本来、学びに教科といった区分はありません。教育課程全体が「総合的な学習」と言えるのではないでしょうか。

　大人が知識や技能を一方的に子どもへ注入するといった学習観に陥らないためにも、私たちが「学び」を捉えるための有効な視点を紹介します。

　学習とは人びとと共同で、社会で、コトをはじめ、なにかを作り出すという実践の中で「やっていること」なのだから、学習だけを社会的実践の文脈から切り離して、独自の目標とすべき対象活動ではない。したがって「勉強」をする、というのはおかしい。何かをするときに、「勉強」が結果的にともなっている、というのが本来の学習なのだ。（中略）すべての学習がいわば、「何者かになっていく」という、自分づくりなのであり、全人格的な意味での自分づくりができないならば、それはもともと学習ではなかった、ということである。このことは、学習の動機づけの解釈を従来とはまるで異なるものにする。*9

　伝統的学習観にとらわれた大人にとって、社会的実践の文脈から「学び」を捉えていくことはなかなか容易なことではありません。個人のみに焦点を当てるのではなく、学習者同士の関係性や、それらを取り巻く周囲との関係全体を見ていくことが求められます。このことは、「社会的な関係、文化的な関係、歴史的な関係の中で、また、それらとの関係づくりとして生きているあり方であることを重視」*10 する関係論的視点だと説明されています。

教育において芸術が果たす役割とは

（1）「互いのよさや個性を尊重し合うようにすること」

　すでに述べているように、学びは本来、他者との関わり合いの中で行われるものです。他者との関わりの中で何より欠かせないものは、互いのよさや個性を認め尊重し合う態度ではないでしょうか。

　それはすべての学びにおいて欠かせないものですが、学習指導要領の図画工作科の教科特性として顕著に示されているため、ここではその表記を紹介します。

　「小学校学習指導要領（平成 29 年告示）解説　図画工作編」の「内容の取扱いと指導上の配慮事項」において、次の事項が明記されています*11。

> （5）各活動において、互いのよさや個性などを認め尊重し合うようにすること。

　「学習の過程において、友人と互いのよさや個性などを認め尊重し合うようにすることが重要」であり、そのための指導として、以下のように示されています。

　一人一人の児童がよさや個性などを生かして活動できるようにし、友人の作品や活動、言動に関心をもつことができるような設定をすることが大切である。児童は、個人で表現していたとしても、自分と友人との関係の中で行っていることとして自覚している。個性も、周りの友人達との関係性の中で気付くものである。友人の作品や活動に目が向くようにしたり、友人との交流の場面を設定したりするなどして、児童が自分や友人のよさや個性などに気付くようにすることが大切である」（下線部は筆者）

　そして、そのような指導を実践するためには、「教師が日頃から一人一人

の児童のよさや個性などを認め尊重することが重要」であると言えます。

　学習指導要領の特別活動編においても、「互いのよさや個性」について記されてはいますが、教師の構えとして明記しているのは、私が調べたところでは図画工作科のみです。図画工作科では明記されているものの、最後の「第4章　指導計画の作成と内容の取扱い」の中なので、学校現場において十分に熟知されていない傾向があります。しかしながら、この事項は学びにおいてもっとも重要なことだと私は考えています。

（2）「自分のイメージをもちながら意味や価値をつくりだすこと」

　また「小学校学習指導要領（平成29年告示）解説　図画工作編」には、教科としての目標について、次のように説明されています*12。

　図画工作科の目標は「表現及び鑑賞の活動を通して、造形的な見方・考え方を働かせ、生活や社会の中の形や色などと豊かに関わる資質・能力」を育成することです。ここでいう造形的な見方・考え方とは、「感性や想像力を働かせ、対象や事象を、形や色などの造形的な視点で捉え、自分のイメージをもちながら意味や価値をつくりだすこと」とされています。

　子どもたちが対象や事象と関わりながら、活動や行為、作品をつくり出していくことは、自分にとっての意味や価値をつくり出していくことです。そして、それは「同時に、自分自身をもつくり出していること」だと言えます。自分にとっての意味や価値をつくり出すことは、自分という人間を形成していくことです。その点から、図画工作科は本来の意味での人間形成に深く関わる教科と言えます。しかしながら、このような学びの本質は、どの教科、どの学習においても当てはまることではないでしょうか。

　他者と価値観を共有したり、違いに気づいたりすることは他教科でも可能ですが、図画工作科ほど間口は広くないのではないかと思います。例えば、算数や理科の場合、最終的に「正解」が要求されますが、図画工作科の場合は、唯一の正解はありません。自分にとっての「正解」をみつけるのが図画工作科なのです。だからこそ、前提となる教師の子ども観が、子どもの表現や見方、感じ方を肯定し、子どもたちの有能さを認めるようなものであるこ

とが大切です。子どもは有能さを秘めた存在なのです。

　子どもたちの世界を丁寧に捉え直していくことは、教師自身が子どもや学びをどのようにみているのかを不断に見直すきっかけとなります。子どもと共に取り組みながら、その行為をつくり出した目的やその行為によって立ち表れる意味を、教師自身の身体を通して感じ取るようにすることがとても大切だと考えています。

（3）芸術の教育的役割

　図画工作科や美術科などでよく使われている「つくる」という言葉に着目してみたいと思います。

　「作る」という言葉の表層的で狭いイメージを取り除き、ひらかれた「つくる」にしようという意図によって、昭和52年度の学習指導要領から「つくる（ひらがな）」という表記に変更された経緯があります。「作る（漢字）」から「つくる（ひらがな）」に変更した主な理由については、こう説明されています。

　そのような状況における「作ること」は「丁寧さ」や「正確さ」のための工夫が優先され、その比重は「内」よりも「外」の意味に移り、「外」に立ち表れる「形」のみが問題にされることになるのである。したがって、そこでの行為は新しい意味あるものをつくりだすこと（意味生成—本来の創造）につながらないものとなっていたといえる。このような教育の「作ること」においては、教え込まれた画一的な技術や技法、もしくは、かつての「作る」経験における技術や技法などを使った「作る」によって、それに磨きをかけることにとどまり、子どもたちの新しい感覚や思考、すなわち〈感じる、考える、行為する〉が働き、さらにひらかれる機会は極端に少なくなる。[*13]

　すなわち、図画工作科や美術科では、技術や技法を磨くことにとどまらず、子どもたちの新しい感性や思考が生まれることを目指していると言えます。

　これは、J・デューイが述べていることとも重なるでしょう。

　すべての芸術は、身体の諸器官──眼と手、耳と声とを巻き込みはたらかせるものである。しかも、芸術は、そのような表現の器官が必要とするような、たんなる技術的技巧を超えたものである。すべての芸術は観念や思想を含み、事物に精神的な意味を与え表現することをも含んでいるものである。しかも、芸術的観念そのものであるのかというと、それとも異なるものである。芸術は、思想と表現手段との生きた結合にほかならない。*14

　図画工作科で目指しているものは、まさに「思想と表現手段との生きた結合」であると言えます。
　また、芸術の教育的役割について、H・リードは次のように述べています。

　人々が善であると考えるひとつの生き方がある。藝術と呼ばれる創造的な活動は、そのような生き方にとって必須なものである。教育とはこのような生活の方法に子供を導いていくことにほかならない。そのような教育法は藝術の実行を通してのみうまく行くものだと、われわれは信じる。藝術とは、言葉をかえて云えば、ひとつの教育の方法のことである。それは教えられるべき教科ではない。むしろなにか、すべての教科の教育方法だとみるべきである。*15

　ここで言う「善」である生き方とは、道徳的な価値を意味しているのではありません。リードは「道徳の価値は社会的な価値であり、芸術の価値は人間的な価値なのである。道徳の価値はある特定の生きかたを促進させ庇護するものだが、芸術の価値は一つの生命の原理となって生そのものを促進させ庇護するものなのだ」*16 と説明しています。
　デューイやリードが共通して述べていることは、教育における芸術の重要性です。図画工作科や美術科は、人間本来の身体的な感覚をすべて動員して、思想と表現手段を統合させながら、自分にとっての新しい意味や価値をつくりだす総合的な学びを目指すものです。その学びを通して、自分自身をつくること、すなわちかけがえのない〈私〉として生きることを保障しているの

です。

　本章では、「学び」とは本来どういうものか捉え直すとともに、図画工作科や美術科が目指している学び、さらに芸術が果たす教育的役割について考えてきました。

　では、実際に朝鑑賞において、どのような子どもたちの姿や教師の変容が生まれたのか、みていきましょう。まず次章では、朝鑑賞にファシリテーターとして関わるために、学級担任の教師が経験した職員研修や教職大学院生による研修の様子を紹介します。まずは、教師自身が対話型鑑賞を経験することによって、ファシリテーターとして大切にしたいことがみえてくるでしょう。

　これから朝鑑賞の扉を開く読者のみなさまに、次の言葉を贈ります。実践を通して、この言葉の意味を実感することでしょう。

　芸術は、経験の共有を局限している深淵と障壁とに充ちたこの世界において行なわれうる最上の伝達、人間と人間との間の遮るもののない完璧な伝達の唯一の媒介である。[17]

注）- -
＊1　稲庭彩和子編著『こどもと大人のためのミュージアム思考』左右社、2022、p. 15
＊2　山本哲士『学校の幻想 教育の幻想』ちくま学芸文庫、1996、p. 238
＊3　宮台真司・尾木直樹『学校を救済せよ』学陽書房、1998、p. 33
＊4　村上龍『寂しい国の殺人』シングルカット社、1998、p. 58
＊5　永井均『〈子ども〉のための哲学』講談社現代新書、1996、p. 14
＊6　西野範夫「子どもたちがつくる学校と教育―〈子ども〉の世界のみえにくさ―」財団法人美育文化協会『美育文化』1998年7月号、p. 53
＊7　ジェームスV. ワーチ、田島信元・佐藤公治・茂呂雄二・上村佳世子訳『心の声―媒介された行為への社会文化的アプローチ』福村出版、2004、pp. 67-185
＊8　稲垣佳世子・波多野誼余夫『人はいかに学ぶか』中公新書、1989、p. 181
＊9　ジーン・レイヴ、エティエンヌ・ウエンガー、佐伯胖訳『状況に埋め込まれた学習―正統的周辺参加―』産業図書、1997、pp. 187-188
＊10　佐伯胖『「学ぶ」ということの意味』岩波書店、1995、p. 192
＊11　文部科学省『小学校学習指導要領（平成29年告示）解説　図画工作編』日本文教出版、2018、p. 117
＊12　同上書、2018、p. 10-11

＊13　西野範夫『つくること表すことによる「生きる力」としての学びの基礎理論の構築と教育の
　　　体系化［Ⅰ］―子どものつくる・表す行為と学び―（平成 10 年度研究成果報告書）（課題番号
　　　10480044）基盤研究（B)』1999、株式会社第一印刷所、p. 4
＊14　J・デューイ、市村尚久訳『学校と社会・子どもとカリキュラム』講談社、1998、p. 149
＊15　H・リード、須郷博訳『平和のための教育』岩波書店、1952、p. 135
＊16　H・リード、増野正衛訳『芸術の草の根』岩波書店、1992、pp. 109-110
＊17　J・デューイ、鈴木康司訳『芸術論―経験としての芸術―』春秋社、1969、p. 114

第2章

朝鑑賞を始める前に

01 「対話型鑑賞」とは

そもそも「対話型鑑賞」というものを体験したことがない先生が多いのではないでしょうか。

私が朝鑑賞を学校で実践しようとしたときも、対話型鑑賞を体験したことのない教師がほとんどでした。そこでまず、教師自身が鑑賞の魅力を体感しやすい研修会を開くことにしました。

本章では、朝鑑賞を行う上での留意点や方法を示すとともに、実際にどのような研修を行ったのか、教師の姿を通して紹介していきたいと思います。

まず、本書における「対話型鑑賞」の考え方を示しておきましょう。

対話型鑑賞は、「美術作品について語り合うことで認知発達を促そうとするビジュアル・シンキング・ストラテジーという鑑賞方法がもとになっている」[*1]と言われています。ビジュアル・シンキング・ストラテジー（Visual Thinking Strategies　以下、「VTS」）とは、元ニューヨーク近代美術館（MoMA）教育部長のフィリップ・ヤノウィン氏と心理学者のアビゲイル・ハウゼン氏が共同して開発した鑑賞方法で、美術の知識に偏らず、鑑賞者同士の対話によって鑑賞を深め、観察力や思考力などを高めていくことを目的としています。VTSにおけるファシリテーターは、「①この作品の中で、どんな出来事が起きているでしょうか？　②作品のどこからそう思いましたか？　③もっと発見はありますか？」[*2]と投げかけます。

対話型鑑賞では、美術についての知識を介さずに作品を楽しむ体験を、他者と共有することができます。私は、これまでの美術館勤務や学校現場における経験から、対話型鑑賞が想像力や自分で考える力、話す力や他者の話を聴く力といったコミュニケーション能力を高め、自分なりの見方や考え方といった「アート思考」を育みやすい活動であると実感しています。

対話型鑑賞は、1990年以降に日本に導入されたと言われていますが、日本ではすでに1973年に「モナ・リザ」の作品を用いた対話型鑑賞が中学校で実施されていたという報告もあります[*3]。対話型鑑賞に類する鑑賞方法は

様々に存在し、授業の目的や質も様々であったと言います。しかしながら、その基盤にあるものは次のように述べることができるでしょう。

　対話による美術鑑賞の基盤にあるのは、美術作品にまつわる歴史や作家の情報を教えることを中心にするのではなく、作品に対する自分の見方、感じ方や考え方を他者と交流し、対話を通して個々の見方を深めたり広げたりしながら集団で意味生成することに重きをおくという考え方である。[*4]

　本書では、この考え方に基づき、朝鑑賞の方法を提案していきます。

02 「朝鑑賞」とは

　「朝鑑賞」とは、対話型鑑賞を朝の時間帯に行うことです。

　プログラミング教育や外国語科なども新たに導入された小学校において、さらに新たな学習活動を授業に取り入れることは時数確保の点で難しいと言えます。そこで、有効なのが朝の時間を活用することなのです。多くの小・中学校には、1時間目や朝学活前に15分程度の時間があります。そこでは「朝読書」「朝学習」などを行う学校が多いでしょう。その時間を活用し、月1～2回程度、学級担任が対話型鑑賞を行うのです。これが「朝鑑賞」です。

　朝鑑賞の先行研究としては、三澤一実氏の「旅するムサビプロジェクト」[*5]から派生した中学校での実践事例があります。武蔵野美術大学の学生が制作した作品を用いて、所沢市立三ケ島中学校で朝鑑賞が実施され、その成果の分析をルーブリック及び質問紙を用いて示し、資質・能力が向上したという結果が得られた量的研究です[*6]。また、中学校校長による、朝鑑賞を土台とした授業改善・学校改革に関する効果についての研究報告もあります[*7]。

　ただし、小学生を対象とした朝鑑賞の研究は、持続可能で適切な題材開発をはじめ、私の知る限りでは全国的にほとんど実施されていない状況です。

03 朝鑑賞は教師自身の学びになる

　現行の学習指導要領では、教育課程全体を通して育成を目指す資質・能力を、次の３つの柱で整理しています*8。

　ア　何を理解しているか、何ができるか（生きて働く「知識・技能」の習得）
　イ　理解していること・できることをどう使うか（未知の状況にも対応できる「思考力・判断力・表現力等」の育成）
　ウ　どのように社会・世界と関わり、よりよい人生を送るか（学びを人生や社会に生かそうとする「学びに向かう力・人間性等」の涵養）

　これらの資質・能力を、各教科の垣根を越えて教科横断的に育んでいく、これが３つの柱の考え方です。資質・能力を育成するために、「主体的・対話的で深い学び」の実現を目指しているのです。そして教師には、次の視点に基づいて授業改善を図ることが求められています*9。

　①　学ぶことに興味や関心を持ち、自己のキャリア形成の方向性と関連付けながら、見通しをもって粘り強く取り組み、自己の学習活動を振り返って次につなげる「主体的な学び」が実現できているかという視点。
　②　子供同士の協働、教職員や地域の人との対話、先哲の考え方を手掛かりに考えること等を通じ、自己の考えを広げ深める「対話的な学び」が実現できているかという視点。
　③　習得・活用・探究という学びの過程の中で、各教科等の特質に応じた「見方・考え方」を働かせながら、知識を相互に関連付けてより深く理解したり、情報を精査して考えを形成したり、問題を見いだして解決策を考えたり、思いや考えを基に創造したりすることに向かう「深い学び」が実現できているかという視点。

　朝鑑賞は、特に「②子供同士の協働、教職員や地域の人との対話、先哲の

考え方を手掛かりに考えること等を通じ、自己の考えを広げ深める『対話的な学び』が実現できているかという視点」において、的確な教育活動になると考えます。

　教師には、学習活動を不断に見直し、改善し、子どもと共に創造する力がより一層求められています。その上で最重要なのが、目の前の子どもや、子どもが表したものから子どもの思いや考えを読み取り、学ぶ姿勢です。教師自身の見方や感じ方、考え方を省察する機会が、より一層求められていると言えます。

　朝鑑賞を通して、子どもたちの思いや考えを読み取りながら、対話をファシリテートしていくことは、教師にとっても多くの学びを得る機会になるでしょう。

04 対話型鑑賞を体験しよう

　朝鑑賞を取り入れる前に、まずは教師同士で対話型鑑賞研修会を開くことをおすすめします。作品から読み取ったものを自分の言葉で表現することや、他者の考えを尊重することを、身をもって体感することが大切なのです。

STEP 1 鑑賞教育について知る

　アメリカの美術館のある地域では、学校の先生が子どもたちを美術館に連れて行き、作品の説明をしたり、絵のスケッチをさせたりしているような姿をよくみかけるそうです。小・中学校の授業で、美術館を利用しているのです。美術に限らず、歴史や社会などで美術館や博物館などを利用しており、フロアに座った子どもたちに先生が授業する光景がみられます。

　日本も同様に、美術館がある地域では活用されていますが、美術館に対する敷居の高さは払拭されていないように思われます。また、美術館内では「マナーを守って静かにみる」という指導が事前に行われることもあるようです。蓑豊氏は「日本の場合、美術館や博物館に『教育』という認識が出てきたの

は戦後のことで、いまだに日本の美術館には、私が館長を務める金沢21世紀美術館を除いて、『教育部門』の比重が小さい。美術館が教育の場として認知されていないのだ」[*10]と2007年に述べています。17年も前なので、現在は改善に向かっていると思われますが、「教育部門」の比重が小さかった経緯があるのは確かです。したがって、ほとんどの先生方は、子どもの頃に「マナーを守って静かにみる」指導を受けた経験があるのではないでしょうか。

日本では、明治になって学制が導入され、一斉指導ではなく個別指導の寺子屋に代わり、学校教育が始まりました。図画工作科に関して言えば、1910（明治43）年に登場した国定教科書「新定画帖（しんていがちょう）」が使用されました。見開きの片方のページにお手本の絵が描かれていて、隣のページにそれとそっくりに書き写すという、手本の絵を忠実に模写する「臨画」から始まりました。なぜなら、当時の日本は子どもたちの感性や創造性を高めるというよりも、日本が植民地にされないように技術力を欧米並みに高めることを目的としていたからです。その後、山本鼎を代表とする自由画教育運動（子どもに自由に絵を描かせる）から批判を受けたという経緯があります。

美術館において、行儀よく静かに鑑賞することが望ましいと思い込んだり、図画工作科で写実的に描けることを目指したりしているような教師はあまりいないと思われますが、それでも美術館や美術教育へのイメージによる影響はとても大きいと感じます。そもそも教師自身が鑑賞の魅力を体感していることが大切です。

STEP 2　子どもの思いや考えを読み取るためのポイントを知る

（1）子どもの作品からみえてくること

図画工作科では、当然子どもたちが描いた作品を教師がみます。作品から子どもの思いや考えを読み取ることは、教師に求められる資質能力と言えるでしょう。

対話型鑑賞研修会でも、子どもの作品を鑑賞するときのポイントについて理解を図るようにしたいです。これは、図画工作科を専門としない教師にとっても、子どもを理解するための大きな学びとなるでしょう。子どもの作品を

鑑賞するとき、教師は次のようなことに留意する必要があります[11]。

　子どもは、子どもの理由に基づいて作品を描いています。作品は、子どもの「世界」そのものです。教師は一度自分の見方を脇において、その作品を描いた子どもの視点でみることが大切です。これは、出来上がった作品から制作過程のプロセスを読み取って、子どもが何を感じたり考えたりしたのかを探っていくことです。

　子どもの作品をみることは、「子どもの声」を聞くことでもあります。その際、作者が制作していたときと同じ距離・位置に近づいてみると、作者と同じ世界がみえやすくなります。これはすなわち、作者の目線・まなざしになる行為でもあります。

　例えば、絵の具やペンや鉛筆などの重なり具合から、その子が表した順番がある程度みえてきます。同じ形や線の繰り返しから、「この形がお気に入り」という笑顔が目に浮かんできます。何度も描き直した跡から、「ここが大変だったんだ」という声が聞こえてきます。作品をつくっていたときの気持ちが伝わってくるでしょう。

　子どもの作品と対峙（鑑賞）するときには、次の視点でみるように心がけると、子どもの声が聞こえやすくなります。

---

① 作品に近づいてみる

② 描いた（表した）順番をたどりながらみる

③ 作者の制作理由や気持ちを考えながらみる

　教師が知りたいのは、今、目の前の子どもが何を感じ、何を考えているかということです。それを捉え続けることが、教師の日々の仕事といっても過言ではありません。とても大変ですが、やりがいのあることです。

（2）子どもの力を伸ばすための教師の姿勢

　では、そもそも学校で絵を描き、表現するのは何のためなのか。それは、上手な絵を描くためではなく、子どもの力を伸ばすためです。そのためには、

まず子ども自身が何を描くのか、表現するのかを主体的に決められる、ゆとりと幅のある題材名がよいでしょう。例えば、高学年では「色とかたちのハーモニー」や「わたしの心のかたち」などが考えられます。

作品が完成し、子どもが作品をみせにきたとき、どんな言葉をかけるかという点も大切です。第一声として、どんな言葉をかけるか。まずは、「できたね！」「これをつくったんだ！」というように、教師自身の喜びを伝えたいです（図1）。「あなたが作品をつくったことがうれしい」「先生にみせてくれたことがうれしい」という気持ちを伝えるのです。

図1　研修会資料1

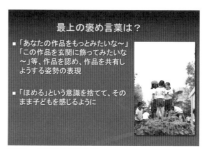

図2　研修会資料2

第一声で「上手だね」などと伝えるのは望ましくありません。上手かどうかという価値基準を含む表現には留意する必要があります。

では、最上のほめ言葉は何でしょうか。例えば「あなたの作品をもっとみたいな」「この作品を玄関に飾ってみたいな」など、作品を認め、共有しようする姿勢を示すことが大切だと考えます（図2）。「ほめる」という意識を

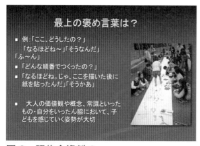

図3　研修会資料3

図4　研修会資料4

脇において、子どもの作品をみながら生まれてくる自分の気持ちをそのまま口にするのです。このとき、無理に「何か言おう」「ほめよう」とするよりも、「聞く」「うなずく」ことが効果的だと言えます。「ここ、どうしたの？」「なるほどね〜」「どんな順番でつくったの？」「そうかあ」などと、子どもの思いを引き出していく姿勢がとても大切です（図3・図4）。

　ここで述べてきたことは、特に図画工作科の授業の際に実践できることですが、このような教師の姿勢は図画工作科に限らず、朝鑑賞をはじめ、すべての教育活動に通じることだと考えられます。子どもの思いや考えを読み取り、それを尊重する姿勢を示すことが、子どもの自己肯定感を高めるために、とても重要なことなのです。

STEP 3　対話型鑑賞のポイントを知る

　さて、いよいよ対話型鑑賞に取り組んでいきましょう。初めて対話型鑑賞を行うときには、主題がわかりやすく、親しみのある作品がふさわしいですが、その一方で鑑賞者の想像や感情を刺激するような謎めいた部分も含まれている作品を選ぶとよいでしょう。

（1）対話型鑑賞の7つのポイント

　対話型鑑賞をする上で、留意したい7つのポイント[*12]があります。互いの考えや意見を尊重しながら自分自身の思考を深めていくために、大切にしたいポイントです。ファシリテーターはもちろんのこと、必要に応じて参加者にも伝え、理解を促していきましょう。

【7つのポイント】
① 1分間ほど、静かに作品をみる
② 質問を投げかけてから、10秒は待つ
③ 否定する言葉を使わない（「それは違う」などはNG）
④ オウム返しや言い換えをする（「○○ということですね」など）
⑤ 具体化する（「作品のどこからそう思いましたか」など）

⑥ 事実と意見を分ける

⑦ 題名にも着目する（例えば、題名を隠しておく工夫も効果的）

① 1分間ほど、静かに作品をみる

　朝鑑賞の時間は限られていますので、30秒ぐらいでもいいかもしれませんが、職員で研修する際は1分間ほど、じっくりと作品をみる時間を確保します。その間に気づいたことや不思議に思うことなどをあたためておく時間を確保します。

②質問を投げかけてから、10秒は待つ

　質問を投げかけた後の沈黙の時間はとても長く感じるものですが、投げかけられた相手にしてみたら、考える時間が必要なのです。焦らずに10秒以上は待ちましょう。

③否定する言葉を使わない

　「あー、確かにそうみえますね」「なるほど」と、うなずきながら相手の発言を受け入れることにより、「自分の意見は認めてもらえる」という安心感や雰囲気をつくることができます。そのため、「それは違いますね」などといった否定するような言葉は使いません。

④オウム返しや言い換えをする（「○○ということですね」など）

　発言を繰り返すことによって、発言者にとっては自分が発言したことをちゃんと他者に理解してもらえたと実感しやすくなります。またしっかりと発言を参加者全員で確認することができ、展開がつながりやすくなります。さらに、ファシリテーターにとっても発言者の気持ちに寄り添いやすくなります。

⑤具体化する（「作品のどこからそう思いましたか？」など）

　発表者は離れた位置から「季節は秋だと思います」「時計がみえます」「動物がいます」などと漠然と発言することがありますが、「作品のどこからそう思いましたか？」と尋ね、具体的に作品の部分を示してもらうことによって、その根拠を共有することができます。

⑥事実と意見を分ける

　発表者は作品に描かれているものと自分の考えを区別せずに発言すること

があります。例えば、「何がみえますか？」に対して「時計がみえますが、変な感じがします」といった場合、時計は描かれている事実であり、変な感じは気持ちであるので、それぞれ整理して分けていきます。そして、どこからそう思ったのか聞いていきます。

⑦題名にも着目する（例えば、題名を隠しておく工夫も効果的）

　自分で作品の題名をつけようとすると、自ずと作品を楽しみながらじっくりとみて、細かなところにも目がいきます。そして、多くの新しい意味や見方、感じ方を培いながら、自分なりの納得解を導き出すことになります。

（2）ファシリテーターによる投げかけ

　ファシリテーターが参加者に投げかける問いや提案には、どのようなものがあるでしょうか。

　本章の冒頭で述べたように、VTSでは、主に次の投げかけをします。

　①　この作品の中で、どんな出来事が起きているでしょうか？

　②　作品のどこからそう思いましたか？

　③　もっと発見はありますか？

　しかし、実際に子どもを対象とした朝鑑賞を続けていく中で、次のような投げかけが効果的だということがわかりました。

【投げかけの例】

「何がみえますか？」

「時間はいつ頃だと思いますか？」

「季節はいつ頃だと思いますか？」

「どんな声や音が聞こえますか？」

「この絵をみて、どんな気持ちがしますか？」

「あなたなら、この作品にどんな題名をつけますか？」

「絵の中の人物と同じポーズをしてみましょう」

「近づいて（離れて）みてみましょう」

時間や季節、声や音などを問うことで、鑑賞者の考えをより具体化していくことができます。また、鑑賞者がそれに答えた際に、「なぜそのように考えたのですか？」と抽象的に理由を問うよりも、「作品のどこからそう思いましたか？」と問うことで、より具体化していくことができるため、他の鑑賞者と思いを共有しやすくなると考えられます。

05 教師による対話型鑑賞

ここでは、私がファシリテーターを務めた実際の対話型鑑賞の様子を通して、どのような教師の反応や相互行為がみられたのかを紹介します。対話型鑑賞を通して、どのように新しい見方や感じ方が得られるのかを分析し、その意味や教師の変容を考察することを目指しました。

その際に用いたのは次の作品です。読者のみなさんは、この作品から何がみえますか？ あなたなら、この作品にどんな題名をつけますか？

考えがまとまった方は次のページをご覧ください。

所蔵：新潟県立近代美術館・万代島美術館

　この作品は、岡本太郎の《顔》(1965年)です。赤い地に黒く揺れる痕跡は、霊気を発して舞踏している人のようにもみえたり、また、下の丸二つを目とすれば顔のようにもみえたり、まさに多様な見方を楽しめる作品です。

(1) 対話型鑑賞の概要

参加人数	教師21名
作　品	岡本太郎《顔》(1965年)
所要時間	約8分間
投げかけ	①何がみえますか？ ②あなたなら、この作品に何という題名をつけますか？

(2) 対話型鑑賞の実際[*13]

　対話型鑑賞中に行われた相互行為・発話の記録をみていきましょう。表1は対話型鑑賞が始まって間もない場面です。

　a がファシリテーターとして、「何がみえますか？」[**01** a]と問いました。すると、b が「この辺が火にみえました」[**02** b]とその部分を指しながら発言し、a は「なるほど、確かにそんな感じですね」[**03** a]と同意しました。その際、うんうんと頷く c の姿がみられました。

　さらに、a が d に「いかがですか？」[**05** a]と発言を促すと、d は「羽を広げた鳥にみえます」[**06** d]と言って、スクリーンの前でポーズをしてみせました(図5)。

　すると、会場内は、あたたかな笑い声で包まれました。a は、「なるほど、確かに鳥にもみえますね。ありがとうございました」[**08** a]と言い、さらに f に「いかがですか？」[**09** a]と促すと、f は「踊る女。こういう感じで、これが頭で、こうい

図5　ポーズを示しながら説明するd教諭

表1 「何がみえますか?」に対する相互行為・発話 （al：特定できない複数の教師）

01	(a) ▶	「何がみえますか?」
02	(b) ▶	「この辺が火にみえました」（その部分を指しながら）
03	(a) ▶	「なるほど、確かにそんな感じですね」
04	(c) ▶	うんうんとうなずく
05	(a) ▶	「いかがですか?」
06	(d) ▶	「羽を広げた鳥にみえます」（ポーズをしながら）
07	(al) ▶	笑いが生まれる
08	(a) ▶	「なるほど、確かに鳥にもみえますね。ありがとうございました」
09	(a) ▶	「いかがですか?」
10	(f) ▶	「踊る女。こういう感じで、これが頭で、こういうふうに……」（スクリーンの前で指し示しながら）
11	(e) ▶	「あー、私もそう思います」
12	(f) ▶	「ここが胴体で、シルエットが女性っぽい、ここが足ですね」

うふうに……」[**10** (f)]とスクリーンの前で指し示しながら説明しました。(e)が「あー、私もそう思います」[**11** (e)]と同意すると、さらに(f)は「ここが胴体で、シルエットが女性っぽい、ここが足ですね」[**12** (f)]と詳しく説明しました。

　以上の様子から、同じ作品をみていても、「火」「羽を広げた鳥」「踊る女」など、その見方やイメージしているものは一人一人異なることがわかります。その見方が違っていても、誰一人否定することなく、確かにそのようにもみえると自分自身の見方や感じ方、考え方を広げている姿がみられました。対話型鑑賞の場には、正解もなければ不正解もありません。研修会に参加した教師は、対話型鑑賞では作品からみえていることや感じていることを率直に話せる状況や誰からも否定されない安心感が培われることを体感することができました。

続いて、「あなたなら、この作品に何という題名をつけますか?」という投げかけに対する相互行為・発話をみていくことにします(表2)。

図6　自分が見えているものを説明するf校長

ⓐが「この作品に何という題名をつけますか? 順番にどうぞ」[01 ⓐ]と投げかけると、座席順でまずⓑが「湧き出るエネルギー」[02 ⓑ]と答えました。ⓐが「なるほど、いいですね」[03 ⓐ]と言うと、続いてⓒは「灼熱のダンス」[04 ⓒ]、ⓓは「私は、ファイヤーバード」[05 ⓓ]、ⓔは「オリンピック女子体操決勝」[06 ⓔ]、ⓕは「舞

表2　「この作品に何という題名をつけますか?」に対する相互行為・発話

01 ⓐ▶	「この作品に何という題名をつけますか? 順番にどうぞ」	
02 ⓑ▶	「湧き出るエネルギー」(座席順から)	
03 ⓐ▶	「なるほど、いいですね」	
04 ⓒ▶	「灼熱のダンス」	
05 ⓓ▶	「私は、ファイヤーバード」	
06 ⓔ▶	「オリンピック女子体操決勝」	
07 ⓕ▶	「舞う女」	
08 ⓖ▶	「火にみえたので、炎」	
09 ⓗ▶	「メラメラ」	
10 ⓘ▶	「火の鳥」	
11 ⓐ▶	「どの題名も素敵ですね。ちなみに作者がつけた題名を知りたいですか?」	
12 ⓐl▶	「はい」	
13 ⓐ▶	「作者がつけた題名は《顔》です」	
14 ⓒ▶	「えー」と驚く	
15 ⓓ▶	「あー」と驚く	

う女」[07 f]、 g は「火にみえた
ので、炎」[08 g] と答えました。
さらに、 h は「メラメラ」[09 h]、
i は「火の鳥」[10 i] と、それ
ぞれイメージした題名を発表しました。

図7 研修会の様子

a は、「どの題名も素敵ですね、
ちなみに作者がつけた題名、知りたい
ですか？」[11 a] と尋ねると、ほとんどの参加者が「はい」[12 al] と
答えました。そこで、 a は「作者がつけた題名は《顔》です」[13 a]
と伝えると、作品を見ながら「えー」[14 c] と驚く声や「あー」
[15 d] と驚く声が上がりました。

　表2が示すように、参加者はそれぞれの題名を思い思いにつけていました。
本来であれば、題名を発表した際に、それぞれ「どこからそのように思った
のですか？」と問いかける方がよいです。このときは、時間の都合上、題名
のみを発表していただきました。

　ここでの対話を通して、誰一人として他の題名に反対する人はいないこと
がわかります。対話型鑑賞中は、多様な見方や感じ方を認め合う雰囲気がつ
くられ、互いのよさや個性を発揮しやすい環境であると言えます。

（3）対話型鑑賞を体験した感想や気づき

　この研修会に参加した教師は、次のように感想を記していました。その一
部を紹介します（下線は筆者追記）。

・鑑賞の学習がこんなにおもしろいと思いませんでした。本当に私自身も頭
　をフル回転しながら絵と向き合っていたなあと思いました。子どもへの声
　かけ、ほめ言葉についても納得できました。
・自分がどうみるか、どう題名をつけるか、という見方は、今まで作者の思
　いや考えばかりを思いめぐらしていた私にとって新鮮で楽しかったです。
・楽しみつつ、友達の意見を聞く、考えることの大切さを教えていただきま

した。ぜひ、これから取り入れてやっていきたいと思いました。

・対話型鑑賞は自分が感じたことを素直に発言できるので、誰もが参加しやすい活動だと思いました。教師や友達が自分の考えを認めてくれる場をつくることの大切さがわかりました。

・子どもが作品をみて自分の意見を言うことで認められる、そんな図工の学びが思考力や自己肯定感を育むことにつながるということを初めて考えるきっかけになりました。作品づくりだけでなく、その作品の意図をくみとることが大切だと思いました。

・子ども同士の会話も増えてつながりが強まりそうだなあと思いました。ぜひ2学期に挑戦してみたいです。

・鑑賞活動はどうするといいのかわからないと思っていたのですが、2学期さっそくやってみたいと思いました。青木先生が「なるほど」「たしかに」といった相槌をしてくださったので、私も子どもたちにそのような聞き方をしたいと思います。

・自分たちの見方・考え方を共有・共感でき、自己肯定感を高めることにもつながると思った。1枚の絵からみえるもの、時間などを出し合うだけで、こんなにも充実した対話ができるのだということがわかった。

・図画工作の可能性を感じさせてもらえた研修でした。図画工作おもしろい！

・自己肯定感が高まるのは、なるほどと思った。否定されないことは、自分の意見を言うことにつながると思った。

・人それぞれ感じ方も違うので、新たな発見がたくさんでした。ぜひ子どもたちとやってみたいです！！

・「美術・図工」は「思考力をみがくための教科」ということを体験的に学ぶよい機会となりました。

　この研修会の後、2学期からまずは月1回という無理のないペースで、各学級担任がファシリテーターとなり、朝鑑賞が実施されることとなりました。

06 教職大学院生による対話型鑑賞

　続いて、教職大学院の授業*14 において、私がファシリテーターを務めた対話型鑑賞の様子も紹介します。

　滋賀大学教職大学院では、現職教員学生と学部新卒学生などが一緒に学び合っています。2022 年度の教職大学院生（修士課程 1 年：M1）27 名に関しては、現職教員51%、学部新卒学生49%で、ほぼ半々の割合です。美術を専門としている院生は一人もいません。そして、ほとんどの院生は対話型鑑賞を経験したことがありませんでした。

　そこで、院生たちに、対話型鑑賞を通して、教師の役割を捉え直し、自分のみえているものや感じていること、考えていることが決して全てではないことを体感してもらいたいと考えました。物事や他者に対して、一面的に捉えようとしない姿勢が教師には不可欠と考えているからです。自分の目でみていることの不確かさを実感することができれば、子どもに対しても謙虚になります。子どもをより多面的に捉えようと常に努めることが、子どもたち一人一人との信頼関係の構築につながります。

　この実践の結果、教師教育としての成果や可能性の一端を得ることもできました。

（1）対話型鑑賞の概要

参加人数	27 人
作　　品	岡本太郎《顔》（1965 年）
所要時間	10 分間
投げかけ	①何がみえますか？ ②あなたなら、この作品に何という題名をつけますか？

（2）対話型鑑賞の実際

ここでは、より多様な意見が出ることを期待し、現職教員学生と学部新卒学生が一緒のグループになるように座席を指定しました。

対話型鑑賞中に行われた相互行為・発話の記録をみていきましょう。表3は「何がみえますか？」と投げかけたときの場面です。

図8　何がみえているのかを考える院生

t（ファシリテーター）が「何がみえますか？」[01 t]と問いかけた際、 e と目が合いました。そこで、「どうですか？　はい」[02 t]と発言を促すと、 e は「ぼくは鳥にみえたんですけど」[03 e]とその場で答えました。すかさず t は、「どのへんが鳥にみえますか？」[04 t]

表3　「何がみえますか?」に対する相互行為・発話

01 t ▶	「何がみえますか？」
02 t ▶	「どうですか？　はい」
03 e ▶	「ぼくは鳥にみえたんですけど」
04 t ▶	「どのへんが鳥にみえますか？」（作品の前で説明するよう促す）
05 e ▶	「えーと、黒いのが鳥で」（作品の前へ進みながら）
06 e ▶	「ここの、上の方が口ばしで、この辺がお腹にみえて、この辺が羽にみえて」（その場所を示しながら）
07 e ▶	「で、えっと、鳥って言っても、フェニックス。この白とか青色が炎にみえました。はい」
08 a ▶	うんうんとうなずく
09 t ▶	「ありがとうございました。確かにそうみえますね」
10 al ▶	大勢が拍手をする
11 t ▶	「どうですか?」とfに発言を促す

と質問し、作品の前で説明することを促しました。

　すると、ⓔは席を立って、作品の前へ進みながら、「えーと、黒いのが鳥で」[05 ⓔ]と話し始めます。作品の前まで来ると、続けて「ここの、上の方が口ばしで、この辺がお腹にみえて、この辺が羽にみえて」[06 ⓔ]と、鳥にみえる根拠を指し示しながら説明しました。さらに、ⓔは「で、えっと、鳥って言っても、フェニックス。この白とか青色が炎にみえました。はい」[07 ⓔ]と説明しました。

　その説明を聞いたⓐがうんうんとうなずく姿がみられました。ⓣが「ありがとうございました。確かにそうみえますね」[09 ⓣ]と言うと、教室は大きな拍手で包まれました。

　まず、ここまでの場面で、発表者の意見を否定することなく、うなずきながら聞いたり、拍手を送ったりする姿などがみられました。発表者の考えを共有しながら、受け入れている状況です。

　さらに、続きの場面をみていきましょう（表4）。

　ⓣが発言を促すと、ⓕは「僕は妖精っぽいのがみえる」[01 ⓕ]と答えました。すかさずⓣは「妖精がみえる。どこにみえますか？」[02 ⓣ]と、ⓕの意見を復唱しつつ、その根拠を尋ねました。そして、作品の前に来て説明するよう促します。すると、大勢から、ささやくような笑いのざわめきが起きました[03 ⓐl]。妖精がいるようにみえるという意見が予想外で、思わず笑ったようです。決して馬鹿にする笑いではありません。

　ⓕは作品の前まで移動してくると、「えっと、ここの部分、ここらへんが頭になってて、で、ここが体で、足みたいな感じです」[04 ⓕ]と、その部分を示しながら根拠を説明しました（図9）。その説明を聞いていた多くの院生が、「あー」[05 ⓐl]という声を上げました。それらの声には、理解や共感がこめられているように感じられました。ⓣも、「あー、なるほど。ありがとうございました。確かにそういうふうにもみえてきますね、はいはいはい」[06 ⓣ]と共感を示しました。

　そして、「続いて、どうですか？」[07 ⓣ]とⓖに発言を促すと、ⓖ

表4 「何がみえますか?」に対する相互行為・発話の続き

01 (f) ▶ 「僕は妖精っぽいのがみえる」

02 (t) ▶ 「妖精がみえる。どこにみえますか?」(作品の前に来て説明するよう促す)

03 (al) ▶ ささやくような笑いが起こる

04 (f) ▶ 「えっと、ここの部分、ここらへんが頭になってて、で、ここが体で、足みたいな感じです」(その部分を示しながら)

05 (al) ▶ 「あー」と大勢の人から声が上がる

06 (t) ▶ 「あー、なるほど。ありがとうございました。確かにそういうふうにもみえてきますね、はいはいはい」

07 (t) ▶ 「続いて、どうですか?」とgに説明を促す

08 (g) ▶ 「えっと、私は、死んだ人の魂にみえました」

09 (t) ▶ 「え、どこどこ?どこらへんからそう思いましたか?」(前に来て説明するよう求める)

10 (al) ▶ 大勢から笑い声が上がる

11 (g) ▶ 「え、大丈夫、ここからでもみえるんですけど。黒いのが現世で悪いことをしてしまった人たちの魂で、下からいろいろな方向に向かっていて、こっちはいいことをした人の魂で、下からいろいろな方向に向かっているようにみえます」(その場で説明する)

12 (t) ▶ 「おー、はい。魂がいろいろな方向に動いているようにみえると。なるほど。ありがとうございました」

13 (al) ▶ 拍手をする

14 (t) ▶ 「どうですか?」とhに発言を促す

15 (h) ▶ 「えー、なんですかね、なんか、イカみたいな」

16 (t) ▶ 「イカ」

17 (h) ▶ 「なんか、ここが目で、なんか、わちゃわちゃわちゃわちゃ出てる感じのが顔みたい。で、いっぱい足が出てるし、イカっぽいかなーみたいな感じですかね」(作品の前で説明する)

18 (al) ▶ 拍手をする

「あー、イカの足にもみえますね。ありがとうござ
いました」

は「えっと、私は、死んだ人の魂にみ
えました」[08 ⓖ] と言いました。
ⓣ は思わず「え、どこどこ？　どこ
らへんからそう思いましたか？」
[09 ⓣ] と尋ねました。ここで多く
の院生から、再び笑い声が上がりまし
た[10 ⓐⓛ]。予想外の意見に対して、
前のめりで問い返す ⓣ の様子をみ

図9　妖精にみえることを説明する ⓕ

て、笑いが起こったようです。ⓣ は作品の前での説明を促しましたが、
ⓖ はその場からでもよくみえて説明できると考えたようです。「え、大丈夫、
ここからでもみえるんですけど。黒いのが現世で悪いことをしてしまった人
たちの魂で、下からいろいろな方向に向かっていて、こっちはいいことをし
た人の魂で、下からいろいろな方向に向かっているようにみえます」
[11 ⓖ] と説明しました。ⓣ が「おー、はい。魂がいろいろな方向に動
いているようにみえると。なるほど。ありがとうございました」[12 ⓣ]
と伝えると、再び教室内は拍手で包まれました [13 ⓐⓛ]。

　続いて、ⓣ は ⓗ に対して「どうですか？」[14 ⓣ] と発言を促します。
ⓗ は「えー、なんですかね、なんか、イカみたいな」[15 ⓗ] と答えま
した。その発言を受けて、ⓣ は思わ
ず「イカ」[16 ⓣ] と繰り返します。
ⓗ は作品の前へ移動し、さらに次の
ように説明を続けました（図10）。「な
んか、ここが目で、なんか、わちゃわ
ちゃわちゃわちゃ出てる感じのが顔み
たい。で、いっぱい足が出てるし、イ
カっぽいかなーみたいな感じですか

図10　イカにみえることを説明する ⓗ

ね」[17 ⓗ]。すると、教室は再び拍手で包まれました。ⓣは「あー、イカの足にもみえますね。ありがとうございました」[19 ⓣ] と、発表者や拍手を送った院生に感謝を伝えました。

　以上の場面から、同じ作品をみていても、鳥、妖精、死んだ人の魂、イカなど、一人一人異なるイメージをもっていることがわかります。時々笑いが起きましたが、馬鹿にした笑いではなく、自分の予想を超えた意見に対して、素直に驚いたり楽しんだりしている様子でした。「あー」[05 ⓐⓁ] と言いながら同意したり、[13 ⓐⓁ][18 ⓐⓁ] のように大勢で拍手をしたりしながら、他者の見方や感じ方、考え方に対して、共感や賞賛を示していました。

　では、次の場面をみていきましょう。ⓣが「この作品に題名をつけるとしたら、あなたなら何という題名をつけますか？」[01 ⓣ] と問いかける場面です（表5）。

　思い思いの題名が参加者から発表されていきました。「情熱」[04 ⓘ]、「炎」[13 ⓙ]、「落下」[19 ⓚ]、「記憶」[32 ⓝ] などです。発表のたびに、うなずきや拍手などのリアクションとともに、笑顔も多くみられました。

　ここでも、誰一人として題名を批判する人はいませんでした。対話型鑑賞中は、多様な見方や感じ方を認め合うことによって、互いのよさや個性を発揮しやすい状況が培われることを、院生自身が身をもって体感し、共有することができたでしょう。

表5 「あなたなら、この作品に何という題名をつけますか?」に対する相互行為・発話

01	t	「対話型鑑賞では、こんなふうに『何がみえますか?』と聞いていきます。実際、これ、不正解ないですよね。正解もありません。では、この作品に題名をつけるとしたら、あなたなら何という題名をつけますか?」
02	al	作品をじっとみつめる
03	t	「どうですか?」と問いかけ、発言を促す
04	i	「私は情熱」
05	t	「ドジョウ」
06	i	「情熱」
07	al	笑い声が上がる
08	t	「情熱! 失礼しました。あのパッション、情熱ね、大変失礼しました。どの辺から?」
09	i	「全体の、この赤と、この黄色と、白との色合いから」
10	t	「なるほど、色合いからね。ありがとうございました」
11	al	拍手が起こる
12	t	「はい、どうですか? どうぞ」
13	j	「えー、炎」
14	t	「炎。はい、どの辺から?」
15	j	「いやー、何かこう、バーっと燃えていて。黒いのが、僕には灰にみえて、まわりがぼうぼうと燃えている感じが」
16	t	「はい、確かに炎のようにもみえますね。ありがとうございました」
17	al	拍手が起こる
18	t	「はい、他にどなたか? はい、どうぞ」
19	k	「落下」
20	t	「どこからそのように?」
21	k	「えっとー、逆さにみえてて。下の丸二つが目で」（頭を斜めにしながら）

22 (b)▶「あー」

23 (k)▶「で、黒いのが、何か落下してるから、上になびいてるようにみえました」

24 (al)▶「落ちてる」

25 (k)▶「はい」

26 (t)▶「なるほど。あー、落下。いいですねー、はい」（拍手をする）

27 (al)▶拍手が起こる

28 (t)▶「はい、どうぞ」

29 (m)▶「一緒なんですけど、炎だなって。あと、落下っていう意見もありましたが、何か左の丸の感じから、落下もあるなと思いました」

30 (t)▶「はい、炎にも落下にもみえますよね。ありがとうございました」（拍手をする）

31 (t)▶「はい、どうぞ」と発言を促す

32 (n)▶「記憶」

33 (t)▶「記憶。はい、え、どのあたりから？」

34 (n)▶「なんか、記憶って、思い出せることと、思い出せそうなこととかがあって、思い出せないことが白で、思い出せそうなところが淡い色かなって思いました」

35 (t)▶「なるほど、そういう見方もあるんですね。ありがとうございました」

36 (a)▶うなずきながら聞く

37 (b)▶うなずく

38 (al)▶拍手が起こる

（3）対話型鑑賞を体験した感想や気づき

　最後に、院生は次のように振り返りをしていました。その一部を紹介します（下線は筆者追記）。

・自分の考えを素直に出せる雰囲気、すばらしいです。「間違ってもいい」

ということをいかに伝えられるかが大切だと思いました。

・対話型鑑賞を通して、「子どもの発言をおもしろがる」「待つ」「問い返す」「引き出す」といった指導の在り方を実感することが、教師自身の成長につながると思う。授業改善の風土づくりの一手となり得るかもしれない。

・つい正解を求めてしまうというのは、学校現場ではよくあること。ただ、多様な見方や考え方がこの実践には溢れているなと思いました。「共生感覚」の育成にとって効果的だと思います。教師のファシリテーションスキルが上がると、子どもたちの声をもっと聴くことができるようになるし、自分の専門教科と融合させた授業にしたいと思いました。

・子どもが学びを実感するための基盤となるのは、自分や他者を素直に受け入れられる教室空間とメンバーだと思う。今後も子どもの姿から、教師の関わりを考えていきたい。

・自分が授業をしていると、子どもたちの「話す」という活動に目が行きがちですが、実は「聞く時間」が大切なのではないかと最近思っています。対話型鑑賞を体験して、その思いがさらに強くなりました。

・答えのない問いについて対話をする、他人の意見を受容する、これは自己肯定感につながる。教師にとっても効果ありと感じた。自分なりの答えを出す、つまり納得解ということでしょうか。これは他教科にも応用していける。

・中学校の授業に取り入れるならどのようにできるか考えてみたいです。中学校でも生徒がたくさん発表してくれるようになると思います。

・国語でも「どんな意見でもいいよ」といいながら、正解に誘導することが多かったように思います。自分の授業でも使える方法を考えてみたいです。

・最近、「ファシリテーター」という言葉をよく耳にしており、実際はどのように振る舞うのだろうと思っていたが、具体的にイメージすることができた。社会科だったらどのように取り組めるか考えていきたい。

　第２章では、対話型鑑賞を行う上での大切なポイントとともに、教師や院生による対話型鑑賞の研修の様子を紹介しました。これらを参考に、まずは

教師自身が体験してみることをおすすめします。

　第3章では、実際の朝鑑賞の記録を通して、子どもたちの姿や教師の思い
に迫っていきましょう。

注) －－－－－－－－－－－－－－－－－－－－－－－－－－－－－－－－－－－－－

＊1　佐野真知子「対話型鑑賞法を生かした美術鑑賞教育の価値と実践への視座（その1）」大学美
　　　術教育学会『大学美術教育学会誌』第43号、2011、p. 153

＊2　フィリップ・ヤノウィン、京都造形芸術大学アート・コミュニケーション研究センター訳『ど
　　　こからそう思う？学力をのばす美術鑑賞ヴィジュアル・シンキング・ストラテジーズ』淡交社、
　　　2015、p. 7

＊3　上野行一『風神雷神はなぜ笑っているのか―対話による鑑賞　完全講座』光村図書、2014、
　　　pp. 59-64

＊4　同上書、p. 15

＊5　三澤一実「『朝鑑賞』の取り組みと成果報告」『日本美術教育研究論集』日本教育美術連合第
　　　51号、2018、pp. 287-294

＊6　宮本友弘・奥村高明・東良雅人・一條彰子「中学校における美術鑑賞学習の自己評価尺度の開
　　　発―資質・能力の三つの柱の観点から―」『東北大学高度教養教育・学生支援機構紀要第6巻』、
　　　2020、pp. 45-49

＊7　沼田芳行「未来を拓く学校づくり朝鑑賞を土台としたチームミカジマの挑戦」第34回東書教
　　　育賞受賞論文、東京書籍、2018、pp. 18-27
　　　　中学校長として武蔵野美術大学三澤一実教授らと連携し、朝鑑賞を中核とした授業改善・学校
　　　改革を実施することにより、教師の変容と、生徒の資質・能力の向上を促した。

＊8　文部科学省『小学校学習指導要領（平成29年告示）解説　総則編』東洋館出版社、2018、p.
　　　3

＊9　文部科学省中央教育審議会教育課程企画特別部会「論点整理」2014、p. 18

＊10　蓑豊『超・美術館革命―金沢21世紀美術館の挑戦』角川書店、2007、p. 143

＊11　奥村高明『子どもの絵の見方　子どもの世界を鑑賞するまなざし』東洋館出版社、2010、
　　　pp. 4-21　を参考に実施した。

＊12　同上書、pp. 84-87　を参考に実施した。

＊13　本稿は以下の論文をもとに加筆したものである。青木善治「自己肯定感を高め、互いのよさ
　　　や個性を認め尊重し合う子どもの育成に関する教育実践研究―対話型鑑賞（朝鑑賞）の活動を
　　　通して―」滋賀大学教育学部『滋賀大学教育実践研究論集』第4号、2022、pp. 71-78

＊14　本稿は、以下の論文をもとに加筆したものである。青木善治「教職大学院の授業における対
　　　話型鑑賞の効果に関する一考察」、『滋賀大学教育学部紀要』第72号、2023、pp. 253-267
　　　　なお、本実践は「授業実践の探究と教育課程」において、オムニバス形式の授業で行い、そ
　　　の第1時間目に実施した一部である。

第3章

朝鑑賞を始めよう

　いよいよ子どもたちと一緒に朝鑑賞に取り組んでみましょう。本章では、朝鑑賞の際に準備するものや主な手順を示すとともに、実際の朝鑑賞の記録を掲載します。子どもの発言や様子を通して、朝鑑賞がどのような雰囲気の中で行われているかが伝わるでしょう。

（1）用意するもの

①提示する作品1点

　作品の画像あるいは作品を撮影した写真をモニターに投影します。もしくは、プロジェクターでスクリーンに拡大投影します。教室の環境に応じて、子どもたちのタブレットでもみられるようにするとよいでしょう。子ども自身がみたい部分を拡大して鑑賞することもできます。

②指し棒

　図1のように、前に出た子どもが作品の一部を指しながら説明しやすいように、指し棒などがあると便利です。作品のどの部分からそのように考えたのか、なるべく詳しく伝えることができます。また、発表を聞いている側も、発表者の考えの根拠や理由が理解しやすくなります。

図1　指し棒を活用

③付箋：人数分

　30人以上の学級などでは、自分で考えた作品の題名を時間内に全員が発表することはなかなか難しいです。そこで、学級の人数に応じて、子どもたちにあらかじめ付箋を配付しておくとよいです。題名などが書かれた付箋を

廊下や教室内に掲示します。すると、クラスメイトの多様な感じ方や考え方、発想などを付箋から知ることができます。

（2）ファシリテーターとしての役割

　朝鑑賞は、一つの作品を学級全体で鑑賞する鑑賞方法です。初めて朝鑑賞を行う場合、作品の主題はわかりやすく、親しみのあるものがよいです。その一方で、鑑賞者の想像や感情を刺激するような謎めいた部分も含まれた作品だと、なおよいでしょう。

　朝鑑賞を進めるにあたって、第2章でも紹介した「7つのポイント」を意識するようにします。

【7つのポイント】

① 1分間ほど、静かに作品をみる

② 質問を投げかけてから、10秒は待つ

③ 否定する言葉を使わない（「それは違う」などはNG）

④ オウム返しや言い換えをする（「○○ということですね」など）

⑤ 具体化する（「作品のどこからそう思いましたか」など）

⑥ 事実と意見を分ける

⑦ 題名にも着目する（例えば、題名を隠しておく工夫も効果的）

　朝鑑賞では、教師は教える人ではなく、ファシリテーターとなります。ファシリテーターとは人と人が学び合う場をつくり、その対話が深まるように促す人です。すなわち、知識を与えたり、解説したりするのではなく、基本的に中立の立場に立ち、発言者の思考を促していくという役割です。そのために、話しやすい雰囲気や場を設定したり、参加者間の共通理解を図ったりします。また、作品をよくみること、観察した物事について発言すること、意見の根拠を示すこと、他の人の意見をよく聞いて考えること、様々な解釈の可能性に考えを巡らすことなどを、鑑賞者に促していくことが大切です。

（3）朝鑑賞の進め方

　朝鑑賞の基本的な手順を以下に示します。このような流れで、ファシリテーターが投げかけをしていくと、子どもたちの思考が促され、対話が深まります。

---

① まず1分間ほど、静かにじっくりと作品をみる時間を設ける。

②「この作品の中に何がみえますか？」と投げかける。

　（子どもたちが朝鑑賞に慣れてきたら、「この作品の中で、どんな出来事が起きているでしょうか？」でもよい。）

③「時間や季節はいつ頃だと思いますか？」

　「どんな声や音が聞こえますか？」などと投げかける。

　（作品に表現されている内容（風景・人物など）に応じて）

④ 人物が描かれている場合、「同じポーズをしてみましょう。この人は何を考えていると思いますか？」と投げかける。

⑤「あなたならこの作品にどんな題名をつけますか？」と投げかける。

　第2章でも述べたように、VTSでは主に次の投げかけをします。

① この作品の中で、どんな出来事が起きているでしょうか？

② 作品のどこからそう思いましたか？

③ もっと発見はありますか？

　しかしながら、筆者の勤務校や様々な学校での実践を通して、低学年でも発言しやすい投げかけは、「①この作品の中で、どんな出来事が起きているでしょうか？」よりも、「①何がみえますか？」でした。この投げかけの方が、初めて朝鑑賞を行う1年生も発言しやすかったのです。

　そして、作品に表現されている内容（風景・人物など）に応じて、

　「時間はいつ頃だと思いますか？」

　「季節はいつ頃だと思いますか？」

　「どんな声や音が聞こえますか？」

などと投げかけると、より詳しい内容に目を向けるようになります。また、

子どもが答えた際には、「なぜそのように考えたのですか？」と抽象的に問うのではなく、必ず「作品のどこからそう思いましたか？」と問い返すようにします。すると、子どもは自分がそう考えた根拠を、作品の部分を示しながら具体的に話すことができます。その結果、まわりの子どもたちは、「あー、なるほどー」と、その子の見方や考え方、感じ方を理解しやすくなるのです。そこに、互いのよさを発揮し、個性を認め尊重し合う子どもの姿をみることができます。

　さらに、人物が描かれている場合は、

　「同じポーズをしてみましょう。この人は何を考えていると思いますか？」と投げかけるとよいでしょう。登場人物になってみることで、別の視点を獲得することにつながります。

　そして、最後の投げかけとして、

　「あなたならこの作品にどんな題名をつけますか？」

と問います。この回答からは、作品全体をみて、鑑賞者がもっとも注意を向けているところ、印象に残っているところ、大切に思っているところ、好きなところなどが浮き彫りになります。

02 小学校2年生による朝鑑賞
―エドヴァルド・ムンク《叫び》―

　朝鑑賞の実践例をみていきましょう。本実践では、ムンクの《叫び》の鑑賞をきっかけに、子どもたちが新しい見方や感じ方を伝え合っている様子を捉えるとともに、対話を促すファシリテーターの役割を明らかにしていきたいと思います。

（1）朝鑑賞の概要

対　象　滋賀県内h小学校の2年生

ファシリテーター	学級担任
時　期	2021年10月13日（水）8:15～8:30
場　所	2年生の教室
使用した作品	エドヴァルド・ムンク《叫び》

エドヴァルド・ムンク《叫び》1893年
オスロ国立美術館（ノルウェー）蔵
画像：オスロ国立美術館オンラインコレクション

　h小学校では、すべての学年・学級において、朝鑑賞を2021年10月より開始していました。本実践は、2年生の1回目の朝鑑賞です。

　エドヴァルド・ムンクの《叫び》は、学級担任が日本文教出版の図画工作教師用指導書に添付されている「アート・カード3・4」の中から選んだ作品です。人物が描かれていて、子どもたちが興味をもちやすい作品を選びました。作品をカメラで撮影し、モニターに投影しました。

　ファシリテーター役の学級担任が、子どもたちに実際に投げかけた質問は

次の3つです。

> ① 「何がみえますか？」
> ② 「どんな声や音が聞こえますか？」
> ③ 「この作品にどんな題名をつけますか？」

（2）朝鑑賞の実際

①子どもが説明しやすくなるような配慮

　では、「何がみえますか？」と投げかけた場面からみていきましょう。次のような相互行為・発話が展開されました（表1）。

　（t）が作品をモニターに投影するなり、大勢の子どもたちから、「あー！　知ってるー」[**02**（al）]と声が上がりました。有名な作品なので、目にしたことのある子どもも多いようです。（t）は早速「何がみえますか？」[**03**（t）]と問いかけました。挙手を促すように右手を挙げると、6人が手を挙げたので、（a）を指名しました [**05**（t）]。

　（a）はその場で立ち上がり、「なんか宇宙人みたい」[**06**（a）]と言いました。（t）は「どれどれ？　ここがーって教えて」[**07**（t）]と言いながら、両手で手招きをするような動作をして、作品の前に移動して説明するように促しました（図2）。（a）は作品の前まで移動してくると、「顔が宇宙人みたい。ちょっと疲れたときに、大きい声を出しているみたいにみえる」[**08**（a）]と、背伸びをしながら顔の部分を指して説明しました（図3）。すると、（a）の発言を聞いた（f）は、「のっぺらぼう！」[**09**（f）]と叫びました。

　（t）が「あー、そういう感じがするのね」[**10**（t）]と受け止めると、（g）は「オーノー」[**11**（g）]と座ったまま大きな声を出しました。（a）の「大きい声を出しているみたい」という言葉を受け、（g）はそのイメージを動作化したのでしょう。

　続いて、（t）は挙手をしている（b）を手招きしました [**12**（t）]。前に移動してきた（b）に指し棒を渡します。（b）は「変な顔がある。変な顔」[**14**（b）]と顔の部分を指し棒で示しながら言いました。（t）が「変な顔し

表 1 「何がみえますか?」に対する相互行為・発話

01	t	モニターに作品を投影する

01 (t)▶ モニターに作品を投影する

02 (al)▶「あー! 知ってるー」と大勢から声が上がる

03 (t)▶「あ、知っている子もいるね。何がみえますか?」（挙手を促すように右手を挙げながら）

04 (al)▶ 6 人が手を挙げる

05 (t)▶「はい、a さん」

06 (a)▶「はい。なんか宇宙人みたい」（その場で立ち上がって）

07 (t)▶「どれどれ? ここがーって教えて」（前に移動して説明するように手招きしながら）

08 (a)▶「顔が宇宙人みたい。ちょっと疲れたときに大きい声を出しているみたいにみえる」（顔の部分を指しながら）

09 (f)▶「のっぺらぼう!」（a の発言を聞いて叫ぶ）

10 (t)▶「あー。そういう感じがするのね」

11 (g)▶「オーノー」（座ったまま大きな声で）

12 (t)▶「はい、b さん」（手を挙げている b さんを手招きしながら）

13 (t)▶ 前に移動してきた b さんに指し棒を手渡す

14 (b)▶「変な顔がある。変な顔」（顔を示しながら）

15 (t)▶「うん。変な顔してはるなー」

16 (al)▶ 声を出して大勢が笑う

17 (t)▶「はい、c さん」（手を挙げている c さんを指名する）

18 (c)▶「みなさん、聞いてください」（作品の前まで移動して）

19 (al)▶「はい、どうぞ」

20 (c)▶「お家の人から追い出された」

21 (al)▶ 大勢が笑う

22 (t)▶「おもしろいね。はい、d さん」

23 (d)▶「ここがタコみたい」（作品の前まで移動し、顔の部分を指しながら）

24	d	▶	「ふふ、タコみたい、タコみたい」
25	t	▶	「どこからタコみたいだと思ったの?」
26	d	▶	「口が丸いから」
27	t	▶	「あー、確かに。口が丸いよね、ここが」（口の部分を示しながら）

てはるなー」[15 t]と同意を示すと、大勢が声を出して笑いました[16 al]。

　続けて、t は c を指名しました[17 t]。c は作品の前まで移動してくると、「みなさん、聞いてください」[18 c]と呼びかけます。すると、大勢が「はい、どうぞ」[19 al]と答えました。c が「お家の人から追い出された」[20 c]と言うと、大勢の子どもたちから笑い声が上がりました[21 al]。t も「おもしろいね」と返します。

　さらに d を指名すると[22 t]、d は作品の前まで移動し、「ここがタコみたい」[23 d]と顔の部分を

図2　手招きする t

図3　顔を示しながら説明する a

示しながら言いました。さらに、「ふふ、タコみたい、タコみたい」[24 d]と繰り返します。t が「どこからタコみたいだと思ったの?」[25 t]と根拠を尋ねると、d は「口が丸いから」[26 d]と答えました。t は、「あー、確かに。口が丸いよね、ここが」[27 t]と口の部分を示しながら言いました。

　ここまでの場面から、ファシリテーターである t の役割を読み取ることができます。a が「なんか宇宙人みたい」[06 a]と言うと、すかさず t は「どれどれ?　ここがーって教えて」[07 t]と両手で手招きし

ながら、作品の前に移動して説明するように促しています。その結果、（a）は作品の顔の部分を指し、「顔が宇宙人みたい。ちょっと疲れたときに、大きい声を出しているみたいにみえる」[08（a）]と、より詳しく説明しています。その説明を聞き、（f）も顔に着目して、「のっぺらぼう！」[09（f）]と叫んでいます。（a）の感じたことが他の子どもたちにも明確に伝わるように、作品の前での説明を促したのです。

図4　指し棒を渡す（t）

さらに、考えの根拠をよりピンポイントで説明しやすくするため、子どもに指し棒を手渡します（図4）。指し棒を使うことによって、（a）のように背伸びをしなくても、説明しやすくな

図5　指し棒を使って説明する（b）

りました（図5）。このような配慮は朝鑑賞に限らず、どの授業においても重要です。

②創造性を引き出すための工夫

さらに、続きの場面をみていきましょう（表2）。

（t）が、挙手をしている（e）を指名すると[01（t）]、（e）は自ら作品の前まで来て「手も体も顔も全部、蛇みたいにぐにゃってなってる」[02（e）]と作品中の人物の体や頭などを指し棒で示しながら言いました（図6）。その説明を聞いた（t）は「あー確かに、ぐにゃってしているね」[03（t）]と自らの体を使って真似してみせました（図7）。その（t）の姿をみた（h）は思わず「あ、幽霊！」[04（h）]と言います。「幽霊かな？」[05（t）]と問い返す（t）に対して、（h）は「くねくねってやったから」[06（h）]と理由を伝えました。（t）は「なるほどね」[07（t）]と理解を示しつつ、挙手している（f）を瞬時に指名します。

表2 「何がみえますか?」に対する相互行為・発話の続き

01 (t)▶「はい、eさん」

02 (e)▶「手も体も顔も全部、蛇みたいにぐにゃってなっ
てる」(作品を指しながら)

03 (t)▶「あー、確かに。ぐにゃってしているね」(自らの
体で真似しながら)

04 (h)▶「あ、幽霊!」(ファシリテーターの姿をみながら)

05 (t)▶「幽霊かな?」

06 (h)▶「くねくねってやったから」

07 (t)▶「なるほどね。はい、fさん」

08 (f)▶「服が黒いから、泥棒で、なんか誘拐とか失敗し
て」(作品の前で)

09 (i)▶「オーノー」

10 (al)▶ 大勢が笑う

11 (t)▶「誘拐に失敗しちゃったみたいな」

12 (t)▶「はい、gさん」と指名する

13 (g)▶「どこかに吸い込まれそう」(中心部分を指しなが
ら)

14 (t)▶「え、どこに行きそう?」

15 (g)▶「よくわからないけれど」

16 (t)▶「あ、どこかに吸い込まれそう?」

17 (e)▶「あ、あ、あそこ。どこかわかる」(座ったまま指
しながら)

18 (t)▶「どこかわかる? どこ?」(eに前に来て説明する
ように促す)

19 (e)▶「ここらへん」(作品の前に移動すると、頭の上
あたりを示しながら)

20 (t)▶「あ、このへんに吸い込まれていきそうってこと?」

21 (h)▶「確かに。なんか全部ぐねぐねだからさ、その人
があそこに吸い込まれていきそう」(座ったままで)

22 (t)▶「この辺に吸い込まれていきそうって感じなんや。
はい、hさん」

23	(h) ▶	「ここから人が来て、おーって」（その場所を示しながら）
24	(t) ▶	「もう一回言ってくれる?」
25	(h) ▶	「ここから人が来たから、なんか『おーっ』て言っている」
26	(t) ▶	「後ろから人が来てびっくりしているんだ」
27	(i) ▶	「オーノーって言ってる」（座ったままで）
28	(al) ▶	大勢が笑う

　(f) は作品の前まで移動すると、「服が黒いから、泥棒で、なんか誘拐とか失敗して」[08 (f)] と説明しました。すると、今度は (i) が「オーノー」[09 (i)] と大きな声で言いました。表1の (g) の「オーノー」を受けた発言に、教室内に笑い声が響きます[10 (al)]。(t) は「誘拐に失敗しちゃったみたいな」[11 (t)] と (f) の発言を受け入れて復唱しました。

　さらに (t) は (g) を指名します[12 (t)]。(g) は前まで移動すると、作品の中心部分を示しながら「どこかに吸い込まれそう」[13 (g)] と言いました。(t) は「え、どこに行きそう?」[14 (t)] と尋ねますが、(g) は「よ

図6　ぐにゃってなってる部分を説明する (e)

図7　体現する (t)

くわからないけれど」[15 (g)] と返しました。そこで、「あ、どこかに吸い込まれそう?」[16 (t)] と聞き直します。すると、その様子をみていた (e) は、座ったまま指しながら、「あ、あ、あそこ。どこかわかる」[17 (e)]）と助け船を出しました。(t) はすかさず「どこかわかる?　どこ?」

［**18** t ］と、前に来て説明するように促します。 e は作品の前に移動すると、「ここらへん」［**19** e ］と頭の上あたりを示しました。 t は「あ、このへんに吸い込まれていきそうってこと？」［**20** t ］と、その場所を示しながら確認します。

今度は、その様子をみていた h が「確かに。なんか全部ぐねぐねだからさ、その人があそこに吸い込まれていきそう」［**21** h ］と座ったまま言いました。 t はその言葉を受けて、「この辺に吸い込まれていきそうって感じなんや。はい、 h さん」［**22** t ］と共感を示しつつ、 h を指名しました。 h は「ここから人が来て、おーって」［**23** h ］とその場所を示しながら言いますが、声が小さめだったので、 t は「もう一回言ってくれる？」［**24** t ］と頼みます。 h は「ここから人が来たから、なんか『おーっ』て言っている」［**27** f ］と繰り返しました。その説明を受けて、 t は「後ろから人が来てびっくりしているんだ」［**28** t ］と、全員に伝わるように言い直しました。

ここまでの場面におけるファシリテーターの行為や発言を振り返ってみましょう。人物の動作を真似してみせたり［**03** t ］、「あ、あ、あそこ。どこかわかる」［**17** e ］というような子どものつぶやきを聞き逃さず、「どこかわかる？　どこ？」［**18** t ］と問い返したりしています。そのような反応が、子どもたちの創造性をどんどん引き出しています。「蛇みたいにぐにゃって」「幽霊」「泥棒」「どこかに吸い込まれそう」「全部ぐねぐね」など、子どもたちが感じたままに口に出せるような、安心感のある教室環境がつくりだされていることがわかります。

③すかさず根拠を尋ねることの効果

続いて、「どんな声や音が聞こえますか？」と投げかけている場面をみていきましょう（表3）。

「じゃあ、ちょっと質問変えるよ。この絵からどんな声や音が聞こえますか？」［**01** t ］と尋ねました。すると、 g は席に座ったまま「オーノー」［**02** g ］と言いました。先ほども「オーノー」と発言していた g です（表1）。そこで、 t は左手を挙げて挙手を促し、挙手した g を指名しました

表3 「どんな声や音が聞こえますか?」に対する相互行為・発話

01 (t)▶「じゃあ、ちょっと質問変えるよ。この絵からどんな声や音が聞こえますか?」

02 (g)▶「オーノー」(席に座ったまま)

03 (t)▶ 左手を挙げて挙手を促す

04 (t)▶「はい、gさん」

05 (g)▶「オーノー」

06 (t)▶「どうしてオーノーなの?」

07 (g)▶「えー、なんか、ここらへんからグネグネの川が流れて」

08 (t)▶「どれどれどれ?」(前に来て説明するよう促す)

09 (g)▶「なんかここらへんから、こう、ぐねぐね川が流れて、そして、なんか月が出て、パーって音がするから、耳をふさいで『オーノー』って」(真似しながら)

10 (al)▶ 大勢が笑う

11 (d)▶「めっちゃ似てるなー」

12 (al)▶ 大勢が笑う

13 (t)▶「jさん、どうぞ」

14 (j)▶「音がうるさい」(席を立って)

15 (t)▶「何の音?」

16 (j)▶「波の音」

17 (t)▶「波の音。どれが波?」(指し棒を渡そうとする)

18 (j)▶「バシャバシャバシャバシャ」(青いところを示しながら)

19 (t)▶「あー。それが波なんや、なるほどなるほど。はい、他にどうですか? eさん、どうぞ」

20 (e)▶「わー」(席を立って)

21 (t)▶「なんで『わー』? 何にびっくりしてる?」

22 (e)▶「ここが道で、空が夕焼けだから、海も夕焼けになってる。それをみて『わー』って言ってる」(作品の前まで移動して)

23 (t)▶「あー、なるほど、夕焼けをみて。そしてここが道なのね。他はどうですか? はい、kさん」

24	k	▶	「シャーって言ってる」（席を立って）
25	t	▶	「どうして『シャー』って言ってるの?」
26	k	▶	「ここに黒いのがいるから」（作品の前まで移動して）
27	t	▶	「みんな聞こえた?　なんかここに黒いのがいるよね。はい、ありがとう」

[04 t]。g は、再び「オーノー」[05 g]と言います。t が「どうしてオーノーなの?」[06 t]と尋ねると、g は「えー、なんか、ここらへんからグネグネの川が流れて」[07 g]と説明し始めたので、t は「どれどれどれ?」[08 t]と作品の前で説明するよう促しました。g は作品の前まで移動してくると、「なんかここらへんから、こう、ぐねぐね川が流れて、そして、なんか月が出て、パーって音がするから、耳をふさいで『オーノー』って」[09 g]とその状況を説明しました。大勢が声を上げて笑います[10 al]。なぜなら、g が作中の人物の真似をしながら、感情のこもった表現をしたからです。d は思わず「めっちゃ似てるなー」[11 d]と素直に声に出していました。教室は、朝から大きな笑い声に包まれました[12 al]。

　続いて、t は j を指名します[13 t]。j が、「音がうるさい」[14 j]と発言したので、t は「何の音?」[15 t]と問いました。すると、j は「波の音」と答えます。t は「波の音。どれが波?」[17 t]と問いかけながら、指し棒を渡そうとします。前に来て説明するように促しました。j が「バシャバシャバシャバシャ」[18 j]と言いながら、人物が描かれている後方の青いところを示すと、t は「あー、それが波なんや、なるほどなるほど」[19 t]と理解を示します。

　次に、指名された e は「わー」[20 e]と発言しました。t はすかさず「なんで『わー』?　何にびっくりしてる?」[21 t]と尋ねます。e は作品の前まで移動して、「ここが道で、空が夕焼けだから、海も夕焼けになってる。それをみて『わー』って言ってる」[22 e]と状況を説明

しました。[t]は、「あー、なるほど、夕焼けをみて。そしてここが道なのね」
[23 t]と受け止めます。

　続けて指名された[k]は「シャーって言ってる」[24 k]と発言しました。
[t]は「どうして『シャー』って言ってるの?」[25 t]と尋ねます。[k]
は作品の前まで移動して「ここに黒いのがいるから」[26 k]と、その部
分を指し示しながら言いました。[t]は、「みんな聞こえた? なんかここに
黒いのがいるよね。はい、ありがとう」[26 t]と、[k]の発言を全員に
伝えました。

　ここまでの場面を振り返りましょう。子どもたちからは「オーノー」
[05 g]、「音がうるさい」[14 j]、「わー」[20 e]、「シャーって言っ
てる」[24 k]などの声や音が発表されました。[t]がすかさず根拠を尋
ねると、[g]は「パーって音がするから、耳をふさいで『オーノー』って」
[09 g]、[j]は「波の音」「バシャバシャバシャバシャ」[18 j]、[e]
は「ここが道で、空が夕焼けだから、海も夕焼けになってる。それをみて
『わー』って言ってる」[22 e]、[k]は「ここに黒いのがいるから」
[26 k]と、そのように考えた根拠をそれぞれに説明しています。作品の
細かなところを観察し、描かれている人物になりきって、自分の言葉で説明
する姿がみられました。このことから、ファシリテーターがすかさず根拠を
問うことが重要であることがわかります。また、作品に人物が描かれている
場合、その人物が何と言っているのかという投げかけは、子どもたちの想像
力を大いにかき立てることもわかりました。

④曖昧な発言も尊重する態度

　最後に、「この作品にどんな題名をつけますか?」という投げかけの場面
をみていきましょう(表4)。

　[t]は「最後に質問なんだけれど、もしこの絵に題名をつけるとしたら、
どんな題名をつけますか?」[01 t]と問いました。挙手した[m]を指名
すると、[m]は席を立って「びっくりしている、吸い込まれそうな人」
[02 m]と答えました。[t]が「あー、吸い込まれそうな人?」[03 t]
と聞き返すと、[m]は作品の前まで移動して「なんかここに、ここが海で、

表4　「この作品にどんな題名をつけますか?」に対する相互行為・発話

01 (t)▶「最後に質問なんだけれど、もしこの絵に題名をつけるとしたら、どんな題名をつけますか? はい、mさん」

02 (m)▶「びっくりしている、吸い込まれそうな人」

03 (t)▶「あー、吸い込まれそうな人?」

04 (m)▶「なんかここに、ここが海で、海に落ちるか、この中に吸い込まれるかっていう感じ」(作品の前まで移動して)

05 (al)▶「あー、確かに」と大勢が声を上げる

06 (t)▶「なるほどね。誰かどうですか? はいどうぞ」

07 (n)▶「変な顔をしている和尚さん」(席を立って)

08 (t)▶「和尚さん!」

09 (t)▶「何でそう思ったん?」

10 (n)▶「和尚さん。坊主だし」

11 (o)▶「黒い服だし、坊主だし」(席に座ったまま)

12 (t)▶「はいはいはいはい。では、pさん」

13 (p)▶「ムンクの叫び」

14 (t)▶「なんでそういう題名にしたん?」

15 (p)▶「叫んでいるみたいだから」

16 (t)▶「ちなみに、なんて叫んでいると思う?」

17 (p)▶「うーん、なんか叫んでいる」

18 (t)▶「そっかそっか、なんか叫んでいるのね。はい、ありがとう。はい、cさん」

19 (c)▶「宇宙から落っこちた」(席を立って)

20 (t)▶「なんでそうつけたの?」

21 (c)▶「目とか口とか鼻とか宇宙人っぽいし、ぐにゃってなってるから」(自ら作品の前まで移動して)

22 (t)▶「確かに。はい、ありがとう。じゃあ最後にしようかな、lさん」

23 (l)▶「叫んでいる人」(席を立って)

24 (t)▶「何を叫んでいると思う?」

25	ⓛ ▶	「助けてー」
26	ⓣ ▶	「どうして助けてーって言ってるの?」
27	ⓛ ▶	「吸い込まれそうだから」
28	ⓣ ▶	「あー、吸い込まれそうだよね。確かに確かに。 はい、時間がきたのでここまでにします」
29	ⓕ ▶	「はい、はい、はい」(手を挙げながら)
30	ⓖ ▶	「オーノー」
31	ⓣ ▶	「また今度、別の絵でやってみようと思うけど、み んな楽しかった?」
32	ⓐⓛ ▶	「はいはいはい」と大勢が答える
33	ⓟ ▶	「あの作品の題名、何か言って」
34	ⓣ ▶	「題名は『叫び』といいます」
35	ⓓ ▶	「知ってたけど忘れてたー」
36	ⓣ ▶	「この人が叫んでいるようにみえるかもしれません ね。実は、『自然の叫び』が聞こえてきて、そ の恐怖に耳をふさいでいると言われています」

海に落ちるか、この中に吸い込まれるかっていう感じ」[**04**ⓜ]と説明しました。その理由を聞いた子どもたちは、「あー、確かに」[**05**ⓐⓛ]と声にしました。ⓣも「なるほどね」と受け止めます。

　次に、挙手していたⓝを指名すると、ⓝは席を立って「変な顔をしている和尚さん」[**07**ⓝ]と言いました。ⓣは「和尚さん!」[**08**ⓣ]と復唱し、「何でそう思ったん?」[**09**ⓣ]と理由を聞きました。ⓝが「和尚さん。なんか坊主だし」[**10**ⓝ]と答えると、ⓞはⓝに共感したのか、「黒い服だし、坊主だし」[**11**ⓞ]と席に座ったまま発言する姿もみられました。

　ⓣは「はいはいはいはい、ではⓟさん」[**12**ⓣ]と指名すると、ⓟは「ムンクの叫び」[**13**ⓟ]と言いました。ⓟはどこかで聞いたことがあったのでしょう。ⓣは動揺することなく、「なんでそういう題名にしたん?」[**14**ⓣ]と尋ねました。ⓟが「叫んでいるみたいだから」[**15**ⓟ]と答えたので、「ちなみに、なんて叫んでいると思う?」[**16**ⓣ]とさらに問い

かけます。「うーん、なんか叫んでいる」[**17** p]という答えに対して、「そっかそっか、なんか叫んでいるのね。はい、ありがとう」[**18** t]と返しました。

　次に、挙手していた c を指名すると、c は「宇宙から落っこちた」[**19** c]と発言しました。「なんでそうつけたの？」[**20** t]と尋ねると、c は自ら作品の前まで移動して、「目とか口とか鼻とか宇宙人っぽいし、ぐにゃってなってるから」[**21** c]と説明しました。先ほどまでの対話で、人物が宇宙人のようにみえることや、ぐにゃっとしていることを確認し合ったことを受けて、c はそのように考えたのでしょう。

　 t は最後に l を指名します[**22** t]。l が「叫んでいる人」[**23** l]と言うと、すかさず t は「何を叫んでいると思う？」[**24** t]と聞きました。「助けてー」[**25** l]という l の答えに対して、t は「どうして助けてーって言ってるの？」[**26** t]とさらに質問しました。l が「吸い込まれそうだから」[**27** l]と答えると、t は「あー、吸い込まれそうだよね。確かに確かに。はい、時間がきたのでここまでにします」[**28** t]と伝えました。子どもたちの中には、もっと続けたい思いの表れなのか、「はい、はい、はい」[**29** f]と手を挙げる f や朝鑑賞の時間が終わってしまったことに「オーノー」[**30** g]と言う g の姿がみられました。t は「また今度、別の絵でやってみようと思うけど、みんな楽しかった？」[**31** t]と尋ねると、大勢の子どもたちから「はいはいはい」[**32** al]という声が上がりました。そんな中、p が「あの作品の題名、何か言って」[**33** p]と求めたため、t は「題名は《叫び》といいます」[**34** t]と伝えました。「知ってたけど忘れてたー」[**35** d]と反応する姿がみられました。そして、t は最後に説明を加えました[**36** t]。このような説明は、子どもたちの実態や発達の段階に応じて、適度に伝えるとよいでしょう。

　ここまでの場面をみると、子どもたちが楽しんでいる様子が伝わってきます。本実践は、担任教師が初めてファシリテーター役を務めた朝鑑賞でしたが、担任自身も楽しんでいるようでした。

特に、私が素晴らしいと感じた場面があります。Ⓣが「ちなみに、なんて叫んでいると思う？」［16Ⓣ］と聞いた場面です。Ⓟは「うーん、なんか叫んでいる」［17Ⓟ］と答えました。それを受けて、Ⓣは「そっかそっか、なんか叫んでいるのね。はい、ありがとう」［18Ⓣ］とさりげなく返しました。この「なんか叫んでいる」という曖昧な表現を尊重しているのです。

　竹内敏晴氏は『思想する「からだ」』において、子どもたちにとって必要なことを次のように述べています。

　よく子どもは「ほめて」育てねばという言い方を聞くが、ほんとに子どもに必要なのは、ほめことばではない。見るものがほんとに感動することだ。つくり出した子どもには見えない、あるすばらしさ、いのち、リズム、それに気づいて感嘆することだ。それへ向かって常に身構え、見落とすまいと、目を耳を触覚をたっぷりと広げて子どもに向かっていること。これが「場」を支えるということだろう。すてきなことを発見した心のふるえだけが子どもを信頼させる。

　第二は、表現するということは、秘密をもつことと一組になっているということだ。自分の内に、人には言えない大切なもの、あるいは見せたくないものがあることに気づくことこそ、表現が成長してゆく基盤なのであって、すべて心の動きを外へむき出しにすることが表現だと思いこんでいるらしい教員を見かけることがあるが、それは、すぐ外へ見せてもいいように整えられているパターンに子どもを追い込むことにすぎない。＊1

　まさに、「すてきなことを発見した心のふるえ」をたくさんみることのできた時間でした。上記の第二の点はなかなか難しいことですが、朝鑑賞なら「はっきりと言葉にできない感じ」「なんとなく」などといった曖昧さも自然と大切にすることができます。また、朝鑑賞はそんな曖昧な思いを抱きながら、自分なりの見方や感じ方を追究できる貴重な場なのです。

　なお、この《叫び》という作品は中学年のアート・カードの中に含まれていますが、低学年の子どもたちでも楽しめます。もちろん高学年でも楽しめ

ることでしょう。朝鑑賞では、アート・カードの学年の枠組みにはあまりとらわれなくていいと感じています。ちなみに、この学級では、朝鑑賞後の1時間目に国語の授業を行っていました。音読の際には元気いっぱいの声が響き、朝鑑賞の楽しい雰囲気が継続している様子がみられました。

03 小学校1年生による朝鑑賞 —小川芋銭《畑のお化け》—

次は、1年生学級の実践をみてみましょう。本実践*2では、小川芋銭《畑のお化け》の鑑賞をきっかけに、子どもたちが新しい見方や感じ方を受容し、互いに影響し合っていく様子に迫ります。

（1）朝鑑賞の概要

対　象	新潟県内の小学校1年生（入学後2か月）
ファシリテーター	学級担任（新採2年目）
時　期	2020年6月12日（金）8:15～8:30
場　所	1年生の教室
使用した作品	小川芋銭《畑のお化け》

本実践は、1年生の子どもたちによる2回目の朝鑑賞です。日本文教出版の「アート・カード1・2」から、小川芋銭の《畑のお化け》を拡大印刷したものを提示しました。月夜の山中を野菜たちが表情豊かに歩いているユーモラスで不思議な作品です。

15分間という朝鑑賞の時間において、ファシリテーター役の学級担任があらかじめ準備し、実際に子どもたちに投げかけた質問は主に次の3つでした。

①「何がみえますか？」
②「この絵は一日の朝から夜までの中で、いつの絵だと思いますか？」
③「この作品にどんな題名をつけますか？」

（2）朝鑑賞の実際

①「大きく腕を振りながらうれしそうに席に戻る」子ども

　実際の相互行為・発話をみてみましょう（表5）。朝鑑賞が始まり、担任 t が「何がみえますか？」［01 t ］と質問した直後の場面です。

　挙手をして指名された a は「野菜」［04 a ］とその場で発言します。作品中には多くの種類の野菜が描かれています。 t は「野菜、じゃあどんな野菜ですかね？」［05 t ］と、全員に質問しました。

表5　「何がみえますか?」に対する相互行為・発話

01	t	▶「何がみえますか?」（作品を指しながら）
02	a,b	▶「はい、はい」と言いながら2人が手を挙げる
03	t	▶「はい、aさんどうぞ」
04	a	▶「野菜」（席についたまま）
05	t	▶「野菜。じゃあどんな野菜ですかね?」（全員に向けて）
06	b	▶「はい」と言いながら手を挙げる
07	t	▶「はい、bさんどうぞ。ここに来ていいよ」（作品を指しながら）
08	t	▶子どもの目の高さに合わせるため、座りながら作品を掲げる
09	b	▶席を立ち、作品の前まで移動する
10	b	▶「かぼちゃ、これが」（指しながら）
11	t	▶「かぼちゃが…どうなってる?」
12	b	▶「転がっている」
13	t	▶「転がっているんだね」
14	t	▶「他にもみえるかなー?」
15	c	▶「はい、はい」と手を挙げる
16	t	▶「cさんどうぞ」
17	b	▶大きく腕を振りながらうれしそうに席に戻る
18	c	▶「はい」（作品の方へ移動する）
19	c	▶「とうがらし」（指しながら）

小川芋銭《畑のお化け》1929 年
個人蔵、茨城県近代美術館寄託

図8　1年生の朝鑑賞の様子

　ⓑが挙手したので指名し、その場で発言しようとするので、「はいⓑさんどうぞ、ここに来ていいよ」[**07**ⓣ]と、作品に近づいて説明するように促しました。そして、子どもの目の高さに作品を合わせ、説明しやすいようにしました。このような工夫も効果的です。Ⓑが「かぼちゃ、これが」[**10**ⓑ]と指しながら言ったため、ⓣは「かぼちゃが…どうなってる？」[**11**ⓣ]と野菜の様子も説明するように促します。すると、「転がっている」[**12**ⓑ]とかぼちゃの様子を補足しました。ⓣはそれを受け、「転がっているんだね」[**13**ⓣ]とⓑの言葉を肯定するように子どもたちに伝えま

した。すると b は席に戻る際、マスク越しでも十分にわかるくらい「大きく腕を振りながらうれしそうに席に戻る」[**17** b] 様子がみられました。

　その後、 c が指名されると、「とうがらし」[**19** c] と指しながら言いました。

　まず、ここまでの場面を詳しくみていくことにします。 t が「何がみえますか？」[**01** t] と質問した後に、 a は「野菜」[**04** a]、 b は「かぼちゃ、これが」[**10** b]、「転がっている」[**12** b]、 c は「とうがらし」[**19** c] と、描かれているものや様子について発言している姿がみられました。クラスメイトの発言に対して、「違うよ！」などと否定する子どもが一人もいないことがわかります。子どもたち一人一人が作品をみて、描かれているものやイメージしたことを発言し、それをほかの子どもたちが受容している様子を見取ることができるでしょう。このようなやりとりが自然に行われることが、一見当たり前のようで、決して当たり前のことではないのです。これが、算数や理科のようにはっきりとした正解もなければ不正解もない朝鑑賞の大きな魅力です。

　不正解を気にせずに、作品からみつけたことや感じたことを単語のみでも感じたままに表現できる場になっています。一人一人の見方や感じ方は異なり、正解も不正解もないということが子どもたちにも浸透していることがわかります。さらに、 b は席に戻る際、「大きく腕を振りながらうれしそうに席に戻る」[**17** b] 様子がみられましたが、この背景には、発言者の考えや存在そのものをあたたかく受容するような教室の雰囲気が感じ取れます。なぜなら、学級担任によると、 b は、学習意欲は高いのですが声が小さく、意見を発表する際は自信のない様子がみられがちだったのです。ところが、今回の朝鑑賞では自分から進んで挙手をして、2回発言する姿がみられ、大きな自信につながったのではないかと話していました。それは、「大きく腕を振りながらうれしそう」にしている b の姿が物語っています。

② 「自分がかぶになって動作化」してみせる子ども

　続いて、次の場面をみていくことにしましょう（表6）。

　 t が「まだみえる？ d さんどうぞ」[**01** t] と指名すると、 d は

表6 「何がみえますか?」に対する相互行為・発話の続き

01	t ▶	「まだみえる? dさんどうぞ」
02	d ▶	「はい」(作品の前まで移動する)
03	d ▶	「黒い雲」(その部分を指しながら)
04	t ▶	「黒い雲。うわー、ほんとだ! すごいね、雲もみえた。まだある?」
05	t ▶	「はい、eさんどうぞ」
06	e ▶	席を立ち、作品の前まで移動する
07	e ▶	「かぶ」(指しながら小さな声で言う)
08	t ▶	「かぶ! かぶがみえます」(大きな声で言う)
09	f ▶	「大きなかぶ!」(肯定しながら)
10	e ▶	「おーきなかぶーかぶー」(絵に描かれているかぶのように自分がかぶになって動作化しながら席まで戻る)
11	t ▶	「はい、gさんどうぞ」

作品の前まで移動し、「黒い雲」[03 d]とその部分を指しながら言いました。t はすかさず、「黒い雲。うわー、ほんとだ! すごいね、雲もみえた。まだある?」[04 t]と背景の黒い雲をみつけたことを称えつつ、他にもまだ挙手している子どもをみつけました。「まだほかにもあるの?」という驚きを込めながら「まだある?」と問いかけ、「はい、e さんどうぞ」[05 t]と指名しました。すると、e は、「席を立ち、作品の前まで移動」[06 e]し、「かぶ」[07 e]と指しながら小さめの声で言いました。それを受けて、t は「かぶ! かぶがみえます」[08 t]とたしかに描かれていることを確認するように大きな声で言うと、f が「大きなかぶ!」[09 f]と発言しました。ただのかぶではなく、大きなかぶなのだと、叫ぶように言ったのです。それを聞いた e は「おーきなかぶーかぶー」[10 e]と大きな声で言い、絵に描かれているかぶになりきって大きく体を左右に振りながら、一番後方の自分の席まで移動し、うれしそうに着席しました(図3)。

図3　大きなかぶになりきって席に戻る（e）

　小さな声で自信がなさそうに「かぶ」と答えていた（e）が、大きな声で動作化する姿までみせてくれたのです。この様子から、先生や友達から認められたことがうれしく、大きな自信を得たことがわかります。

　作品の中のかぶに対して、まさに我が事として受け止め、感じ、表現している姿がみられました。また、（b）や（e）の姿から、ファシリテーターが子どもたちの発言をしっかりと受け止め、寄り添い、称賛し、認めようとする言葉がけや姿勢がとても大切であることがわかります。

　先述したように、入学後まだ間もない1年生にとっては、VTSの「①この作品の中で、どんな出来事が起きているでしょうか？」という投げかけよりも、「何がみえますか？」という投げかけのほうが答えやすいようです。みつけたものを素直に答えやすい初発の投げかけの有効性も確認できました。

　以上のことから、朝鑑賞中に子どもの発言をすべて受け入れ、受容していくことの大切さを子どもの姿を通して感じることができました。

③「ここが、白い」と根拠を伝える子ども

　さらに続いて、次の場面をみていくことにします（表7）。

　（t）が「じゃあみなさん、この絵は一日の朝から夜までの中で、いつの絵だと思いますか？」［01（t）］と描かれている時間帯について質問しました。すると、「夜」［02（al）］とほとんどの子どもたちがその場で答えました。そんな中、先ほどかぶになりきっていた（e）が「夕方！」［04（e）］と大きな声で言いました。（t）が「夕方の人は？」と問いかけると、（e）と（h）の2人が挙手しました。（t）が「（e）さん、どこからそう思いましたか？」［07（t）］と理由を問うと、（e）は「白いとこ」［08（e）］と自分の席から指

表7 「いつの絵だと思いますか?」に対する相互行為・発話

01	t	「じゃあみなさん、この絵は一日の朝から夜までの中で、いつの絵だと思いますか?」
02	al	「夜」「夜」と大勢が答える
03	t	「夜?」(確認するように)
04	e	「夕方!」(大きな声で)
05	t	「夕方の人?」(右手を挙げながら問う)
06	e	e が手を挙げる
07	t	「e さん、どこからそう思いましたか?」
08	e	「白いとこ」(自分の席から指しながら)
09	t	「来て来て」(作品の前まで来るように促す)
10	e	席を立ち、作品の前まで移動する
11	e	「ここが、白い」(背景部分を指しながら)
12	t	「ここが、白い。あ、後ろが夕方だと思ったのね、なるほど」(作品を指しながら)
13	e	「うん」(席まで戻る)
14	h	「あー、同じだ」
15	t	「夕方の人?」
16		4 人が手を挙げる

しながら言いましたが、遠くてどこを示しているのかわかりません。すかさず t は「来て来て」[09 t]と、作品の前まで来るように伝えました。e は、席を立って作品の前まで移動すると、「ここが、白い」[11 e]と背景部分を指しながら言いました。t は「ここが、白い。あ、後ろが夕方だと思ったのね、なるほど」[12 t]と作品を指しながら言いました。その t の言葉を聞いた e は、「うん」とうなずくと席まで戻りました。同じ夕方だと考えていた h は「あー、同じだ」[14 h]と e と理由も同じであることを口にしました。

　e は作品の背景部分に着目し、「ここが、白い」[11 e]から夕方であると、自分の経験をもとに答えていました。e は夕方の情景を目にした

経験を想起しているのでしょう。現在みているものとこれまでに獲得してきた知識や経験とを結びつけて、理由を考えたり、説明したりする様子を見取ることができます。

　また、この場面においても、描かれている時間帯について、夕方や夜などと様々な理由が発表されましたが、誰一人クラスメイトの意見を否定する子どもはおらず、自分とは異なる意見であっても、その理由をうなずきながら聞く子どもたちの姿をみることができました。

　「学びは対象世界との対話（文化的実践）と他者との対話（対人的実践）と自己との対話（自己内実践）が三位一体となった活動」*3 という表現がありますが、朝鑑賞の場では、柔らかな声と身体による「交わり」や「学び」が生まれやすいことが確認されました。

　モーリス・メルロ＝ポンティは次のように述べています。

　他者が見る色彩や触る起伏は、わたしにとっては絶対的な神秘であり、近づき得ないものだと言われるが、これはまったく正しくない。わたしがある風景を眺めながら、風景について誰かと言葉を交わすだけで、他者の経験しているものを単なる観念やイメージや表象としてではなく、自分の差し迫った経験として所有することができるのである。そうすれば他者の身体とわたしの身体の一致した働きによって、わたしが見ているものが相手へ移行する。*4

　1年生の子どもたちによる、わずか15分間ほどの朝鑑賞を通して、私がみているものが相手へ移行し、相互にみる目を広げていくのだということがまさに証明されました。互いのよさや個性を尊重する土壌として、朝鑑賞の場が大きな助けになることがわかります。

　また、ファシリテーターが、「 [e] さん、どこからそう思いましたか？」[07 [t]] と、そう思った根拠を問う質問をしています。これによって、子どもが感じた理由や根拠が言語化され、お互いに納得し、認め合う状況がつくられています。このことから、ファシリテーターの役割が極めて重要であ

ることも明らかになりました。続いて、同じ作品を他校の5年生学級で実践
した事例を紹介します。

04 小学校5年生による朝鑑賞 ―小川芋銭《畑のお化け》―

　先ほどと同じ作品を用いた5年生学級での実践をみてみましょう。本実
践*5 では、小川芋銭《畑のお化け》の鑑賞をきっかけに、5年生の子どもた
ちが対話を通して共鳴し合いながら思考を深めていく様子に迫ります。

（1）朝鑑賞の概要

対　　象	滋賀県内ｈ小学校の5年生
ファシリテーター	学級担任
時　　期	2021年10月13日（水）8:15〜8:30
場　　所	5年生の教室
使用した作品	小川芋銭《畑のお化け》

　朝鑑賞を10月から開始している
ｈ小学校における、5年生の第1回
目の実践です。日本文教出版の「アー
ト・カード1・2」の中から、学級
担任が選択しました。作品をカメラ
で撮影し、その画像をモニターに投
影しました。

図9　モニターに投影した様子

　15分間という朝鑑賞の時間にお
いて、ファシリテーター役の学級担任が実際に子どもたちに投げかけた質問
は主に次の3つでした。

> ① 「何がみえますか？」
>
> ② 「どんな声や音が聞こえますか？」
>
> ③ 「この作品にどんな題名をつけますか？」

（２）朝鑑賞の実際

①感じたことを素直に表現し、共鳴し合う子どもたち

　朝鑑賞の開始から、学級担任の先生 ⓣ（ファシリテーター）は「作品から何がみえますか？」と投げかけました。その結果、野菜や月がみえるという発表がありました。続いて、ここでは、「どんな声や音が聞こえますか？」に対する相互行為・発話の記録をみていきましょう（表8）。

　ⓣ が、「この作品からどんな声や音が聞こえそうですか？」と投げかけました。しばらくして、発言がなかったため、ⓣ はさらに「この子はどんなことを言っているのかな？」[**02** ⓣ] と作品の一部分を拡大しながら問いかけました（図10）。すると、作品から新しい意味をみつけた ⓒ は、「一番おいしいのは誰かな？」[**03** ⓒ] と座ったまま発言しました。その発言を聞くと、大勢が笑いました [**04** ⓐⓛ]。すかさず、ⓓ は ⓒ の発言を受けて「ぼくはおいしくないよー」[**05** ⓓ] と座ったまま発言すると、再び、大勢が笑いました [**06** ⓐⓛ]。この笑いは決して馬鹿にするような笑いではなく、共感を示す笑い声だと受け取ることができるものでした。

　ⓓ の発言を受けて、ⓣ は「あー、なるほど。どこからそう思ったのですか？」[**07** ⓣ] と尋ねると、ⓓ は「この後、人間に食べられたくないと叫んでいるような表情にみえるから」[**08** ⓓ] と答えました。その返答を受けて、ⓣ は「あー、なるほど」[**09** ⓣ] と言い、続けて「他はどうですか？」[**10** ⓣ] と発言を促しました。少し待っても発言がなかったので、ⓣ は「じゃあ、この子はどんなことを言っているのかな？」[**11** ⓣ] と一番先頭で坂を転げ落ちているようなかぼちゃの部分を拡大しながら問いかけました（図11）。

　すると、ⓔ が「逆においしい」[**12** ⓔ] と発言し、新しい意味を提示し

表8 「どんな声や音が聞こえますか?」に対する相互行為・発話

01 (t)	「この作品からどんな声や音が聞こえそうですか?」	
02 (t)	「この子はどんなことを言っているのかな?」（作品の一部分を拡大しながら）	
03 (c)	「一番おいしいのは誰かな?」（座ったまま）	
04 (al)	大勢が笑う	
05 (d)	「ぼくはおいしくないよー」（座ったまま）	
06 (al)	大勢が笑う	
07 (t)	「あー、なるほど。どこからそう思ったのですか?」	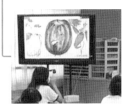
08 (d)	「この後、人間に食べられたくないと叫んでいるような表情にみえるから」	
09 (t)	「あー、なるほど」	
10 (t)	「他はどうですか?」	
11 (t)	「じゃあ、この子はどんなことを言っているのかな?」（一番先頭で坂を転げ落ちているようなかぼちゃを拡大しながら）	
12 (e)	「逆においしい」（座ったまま）	
13 (t)	「この子はおいしいんだ。さっきは『おいしくないよー』という声も聞こえたね」	
14 (al)	大勢が笑う	
15 (f)	「この借りはいつか返す」（座ったまま）	
16 (al)	大勢が笑う	
17 (t)	「あー、怖いなー。なんか怖いなー」	
18 (g)	「自殺」（座ったまま）	
19 (d)	「え、自殺!?」（大きな声で）	
20 (g)	「転がっていって、この後人間に食べられる前に自殺する」（座ったまま）	
21 (al)	「あー」（大勢で）	
22 (t)	「あー、なるほど」	

ました。先ほどの ⓒ の発言「一番
おいしいのは誰かな？」[**03** ⓒ] を
受けた発言と思われます。 ⓣ が「こ
の子はおいしいんだ。さっきは『おい
しくないよー』という声も聞こえたね」
[**13** ⓣ] と言うと、大勢の子どもた
ちが笑いました [**14** ⓐⓛ]。その笑い
声の中、 ⓕ は「この借りはいつか返
す」[**15** ⓕ] と座ったまま発言すると、
再び、教室は大勢の笑い声で包まれま
した [**16** ⓐⓛ]。

図10　作品の一部分を拡大

　ⓣ は「あー、怖いなー。なんか怖
いなー」[**17** ⓣ] と、 ⓕ の発言を
受けて感じたことを素直に声に出しま
した。すると、左隅に座っていた ⓖ
が「自殺」[**18** ⓖ] と発言しました。

図11　かぼちゃの部分を拡大

そのショッキングな発言に対して、ⓓ が「え、自殺 !?」[**19** ⓓ] と驚くと、
ⓖ はその理由を「転がっていって、この後人間に食べられる前に自殺する」
[**20** ⓖ] と自ら説明しました。その理由に対して、大勢の子どもたちが「あー」
[**21** ⓣ] と納得の声を上げました。 ⓣ も「あー、なるほど」[**22** ⓣ] と、
思わず口にした様子でした。

　ここまでの場面から、 ⓒ の「一番おいしいのは誰かな？」[**03** ⓒ] と
いうはじめの言葉を受けて、その後子どもたちの思考がつながっていること
がわかります。「ぼくはおいしくないよー」[**05** ⓓ]、「逆においしい」
[**12** ⓔ]、「この借りはいつか返す」[**15** ⓕ]、「自殺」[**18** ⓖ] と、子ど
もたちは人間に食べられる野菜の視点から思考しています。人間に食べられ
るくらいだったら自ら命を絶つという発想に至るまで、対話を通して相互に
関係し合いながら、新しい見方や感じ方などを培っていることがわかります。

　また、この場面には、1年生の事例との大きな違いがみられます。それは、

2番目の投げかけの言葉です。1年生の実践では、「描かれている時間が朝、昼、晩のいつなのか」と投げかけていましたが、本実践では、「どんな声や音が聞こえるか」と投げかけていました。その際、モニターを活用しているので、ファシリテーターが図10や図11のように作品の一部を拡大していました。このことによって、子どもたちは拡大された作品内の細かな表情から、どのような声が聞こえるのかを想像しやすくなり、感じたことを素直に表現し合う姿がみられました。

② 「山かなって思って」と根拠を示す子ども

そして、最後には「この絵に自由に題名をつけるとしたら、どんな題名をつけますか？」と投げかけました。

その場面の相互行為・発話の記録をみていきましょう（表9）。

Ⓣが「ⓐさん、どうぞ」[02 Ⓣ]と指名すると、ⓐは「野菜の群れ」[03 ⓐ]と答えました。

すかさず、Ⓣは「野菜の群れ。なるほど。なんで野菜の群れとつけたん？」[04 Ⓣ]とその理由を聞きました。すると、ⓐは「え、野菜がいっぱいあるから」[05 ⓐ]と答えました。Ⓣは「あー、なるほど。他にはどうですか？」[06 Ⓣ]と、他の子どもの発言を促しました。すると、ⓑが挙手したので、「ⓑさん」[08 Ⓣ]と指名しました。ⓑは、「野菜の遠足」[09 ⓑ]とその場で立って発言しました。すぐさまⓉは「なんでそう思ったん？」[10 Ⓣ]と理由を促しました。ⓑは「えーと、きゅうりは落ちて行ってるけど、山から頂上に行って……」[11 ⓑ]と、説明を続けようとします。Ⓣは「え、どこどこ？ 山ってどこ？」[12 Ⓣ]と言って、作品のどの部分が山だと感じたのか教えてほしいと伝えました。するとⓑはモニターの前まで移動し、「山かなって思って」[14 ⓑ]とその場所を指しながら説明しました（図12）。

説明が終わると、ほかの子どもたちから「あー」[15 ⓐⓛ]と納得の声が上がりました。続けて、ⓑは「ここの頂上にいるから」[16 ⓑ]と付け足しました。ⓑの説明を聞いたⓉは、「これが頂上にいるかと思ったん？ なるほど。ほな遠足、いいねー」[17 Ⓣ]と言いました。

表9 「この作品にどんな題名をつけますか?」に対する相互行為・発話

01 (t) 「この絵に自由に題名をつけるとしたら、どんな題名をつけますか?」

02 (t) ▷ 「aさん、どうぞ」

03 (a) ▷ 「野菜の群れ」

04 (t) ▷ 「野菜の群れ。なるほど。なんで野菜の群れとつけたん?」

05 (a) ▷ 「え、野菜がいっぱいあるから」

06 (t) ▷ 「あー、なるほど。他にはどうですか?」

07 (b) ▷ 挙手をする

08 (t) ▷ 「bさん」

09 (b) ▷ 「野菜の遠足」(その場で立って)

10 (t) ▷ 「なんでそう思ったん?」

11 (b) ▷ 「えーと、きゅうりは落ちて行ってるけど、山から頂上に行って……」

12 (t) ▷ 「え、どこどこ? 山ってどこ?」(作品のどこなのか指しながら)

13 (b) ▷ 作品が映っているモニターの前まで移動する

14 (b) ▷ 「山かなって思って」(その場所を指しながら)

15 (al) ▷ 「あー」(納得の声が上がる)

16 (b) ▷ 「ここの頂上にいるから」

17 (t) ▷ 「これが頂上にいるかと思ったん? なるほど。ほな遠足、いいねー」

この場面から、不正解を気にせずに、作品からみつけたことや感じたことを思いのままに表現できる場になっていることがわかります。この5年生学級でも、クラスメイトの発表内容に

図12 モニターの前で説明する (b)

ついて否定するようなことを言う子は一人もいません。

　また、ファシリテーター役の［t］が、必要に応じて「なんでそう思った
ん？」［10 t］、「え、どこどこ？　山ってどこ？」［12 t］というように、
どこからそう思ったのかという根拠を問う質問をさりげなくしています。実
は、この問いかけが極めて重要で、子どもたちが感じた理由や根拠を引き出
し、言語化することによって対話を促し、お互いに納得して認め合う関係性
が培われていきます。

　朝鑑賞を通して、ファシリテーターは教える人ではなく、子どもと子ども、
子どもと作品、子どもと教師を結びつけるボンドのような役割を担う人であ
ると言えます。ファシリテーターが子どもたちの発言をしっかりと受け止め、
寄り添い、称賛し、認めようとする言葉がけや姿勢がとても大切です。本実
践後に、子どもたちは次のような感想を記しました。一部を紹介します。

> ・野菜が行列をつくった絵を見ただけで心がはずみました。
> ・あの野菜たちはどこに行くのか気になりました。題名を考えるのが楽
> 　しかったです。
> ・題名を考えたとき、いろんな題名がうかんできておもしろかった。

　これらの感想からも、子どもたちが朝鑑賞を楽しんでいることがわかりま
す。では次に、この5年生学級における2回目の朝鑑賞を紹介します。

05　小学校5年生による朝鑑賞
——サルバドール・ダリ《記憶の固執》——

先ほどの5年生学級による2回目の朝鑑賞をみていきましょう。

　本実践*6では、ダリの《記憶の固執》の鑑賞をきっかけに、子どもたち
が共に新しい意味をつくり出し、互いの関係性を築くとともに、新しい自分
をつくり直していく様子に迫っていきたいと思います。

（1）朝鑑賞の概要

対　象	滋賀県内ｈ小学校の５年生
ファシリテーター	学級担任
時　期	2021 年 11 月 17 日（水）8:15〜8:30
場　所	５年生の教室
使用した作品	サルバドール・ダリ《記憶の固執》

サルバドール・ダリ《記憶の固執》1931 年
ニューヨーク近代美術館（MOMA）蔵
© Salvador Dalí, Fundació Gala-Salvador Dalí, JASPAR Tokyo,
2024X0210
画像：ユニフォトプレス

　ダリの《記憶の固執》は、ぐにゃぐにゃになった時計が描かれた不思議な作品です。これも、日本文教出版の「アート・カード１・２」の中から学級担任が選択しました。

　15 分間という朝鑑賞の時間

図 13　モニターに投影した様子

において、ファシリテーター役の学級担任が実際に子どもたちに投げかけた
質問は主に次の3つでした。

①「何がみえますか？」

②「この作品が描かれている時間は、朝、昼、晩のいつだと思いますか？」

③「この作品にどんな題名をつけますか？」

（2）朝鑑賞の実際

①みんなに向けて、「ここが口みたい」と提案する子ども

　まず、t（ファシリテーター）は「何がみえますか？」と投げかけました。
その場面において、次のような相互行為・発話が記録されました（表10）。

　t が「ほなどうぞ」[**01** t] と a に向かって促すと、a は「こっ
ち向きは、こういうなんか鳥みたい」[**05** a] とモニター前で腰をかがめ
ながら言いました。すると、「あー！　確かにー！」[**06** al] と大勢の子ど
もたちから声が上がりました。「鳥にみえてきた」[**07** b] と口にする子ど
ももいました。さらに a は、「ここが口みたい」[**08** a] と言いながら、
その部分を示しました。すると、再び「あー、確かに」[**09** al] と、a
の説明に同意する声が上がりました。続いて、b や c も「確かにー」
[**10** b]、「確かに」[**11** c] と思わず口にしていました。

　そのような様子をみて、t は「そんなふうにもみえてきたよという人い
ますか？」[**12** t] と問いかけながら挙手を促すと、10名ほどの子どもた
ちが手を挙げました [**13** al]。すかさず、t は、「いろんな見方がありま
すね。あ、なるほどなるほど」[**14** t] と言いました。

　上野直樹氏は「相互行為の中で、ある特定の知識や道具を作り出したり、
使うことは『自分は、あなたと同じ仲間だ』『違うコミュニティに属している』、
あるいは『交流の余地がある』といったことを社会的に表示しているという
ことになるだろう」[*7] と述べていますが、子どもたちはまさに、朝鑑賞にお
ける相互行為の中で、新しい意味をつくりながら、お互いの関係を築いてい
ます。一緒に腰をかがめてみるなどの行為も、相互作用の中でつくりだされ

表10 「何がみえますか?」に対する相互行為・発話

01	t	「ほなどうぞ」(a に向かって)
02	al	「わかるかも」(複数の子どもたちから声が上がる)
03	t	「わかるかも? どこらへん?」(a に指し棒を手渡しながら)
04	a	指し棒を受け取り、モニター前へ移動する
05	a	「こっち向きは、こういうなんか鳥みたい」(腰をかがめながら)
06	al	「あー! 確かにー!」
07	b	「鳥にみえてきた」
08	a	「ここが口みたい」(その部分を示しながら)
09	al	「あー、確かに」
10	b	「確かにー」
11	c	「確かに」
12	t	「そんなふうにもみえてきたよという人いますか?」(自らの右手を挙げながら)
13	al	10 名が手を挙げる
14	t	「いろんな見方がありますね、あ、なるほどなるほど」(a から指し棒を受け取りながら)
15	a	自分の席に戻る
16	t	「他にはどんな見方がありますか、もうないですか? いろんな見方があるねー。他に何かみえるものありますか?」

ているのです。そして、お互いの行為に対して、大いに満足し、共に新しい意味をつくり出す楽しさを実感している姿をみることができました。発表後のうれしそうな a の表情から、自分の提案(鳥みたい)を受け止めてくれる他者が存在しているということがとても大事なのだと改めて気づかされました。

　繰り返し述べているように、朝鑑賞の場は正解も不正解もないので、他者に対して開かれた状況が生まれやすいと考えます。朝鑑賞を通して、何か新

しい意味をつくりながら、新しい〈私〉を他者との関係の中でつくっているのだと捉えることができます。

末永幸歩氏は、アート思考とは「自分だけの視点」で物事をみて、「自分なりの答え」をつくり出すための作法*8 と述べていますが、朝鑑賞中における ［05 ⓐ］［08 ⓐ］の様子から、ⓐのアート思考が培われていることがわかります。また、ⓐの考えが他の子どもたちにも理解され、共有されていることが ［09 ⓐl］［10 ⓑ］［11 ⓒ］の様子からもわかります。

② 「気になることがある」と挙手する子ども

続いて、次の場面をみていきましょう（表11）。

ⓣ が「他に何かみえるものはありますか？　他にみえるもの、このぐらいですか？」［01 ⓣ］と問うと、一番後方にいる ⓓ が、「あー、ていうか気になることがある」［02 ⓓ］と言いながら手を挙げました。ⓣ は、「はい、気になることがある、どうぞ」［03 ⓣ］と言いながら ⓓ に指し棒を手渡しました。ⓓ は「おかしいところがある」［04 ⓓ］と言いながらモニター前へ移動しました。そして、「これ！」［05 ⓓ］と言いながら、時計の部分を指し棒で示しました。ⓣ は「アップにしましょうか」［06 ⓣ］と言って、その部分を拡大し、みやすいようにしました。

ⓓ は拡大された部分を示しながら、「この黄色い時計、そもそも時計がぐにゃぐにゃになっているのもおかしいんだけれども、針がなんかおかしいというか……」［08 ⓓ］と言いました（図14）。さらに、「針が、なんか、こう、どう、えー、どう言ったらいいん？」［09 ⓓ］とどのように伝えたらいいのか困惑している様子です。

ⓣ はその ⓓ の言葉や困っている様子を受けて、「針がぐにゃぐにゃになったってこと？」［11 ⓣ］と問い返しました。ⓓ は「こうなっているのに、ここだけなんか直角になっている」［12 ⓓ］と気になっている部分を指摘し、手で針の様子を表しました（図15）。すると、その説明を聞いていた多くの子どもたちから、「あー」［13 ⓐl］と同意の声が上がりました。

ⓓ は「この、長方形の、形に沿っているというか」［14 ⓓ］と続け、気になっている部分を言葉で示しました。それを受けて、ⓣ は「あー、な

表11　「他にみえるものはありますか?」に対する相互行為・発話

01 (t)▶	「他に何かみえるものありますか? 他にみえるもの、このぐらいですか?」
02 (d)▶	「あー、ていうか気になることがある」
03 (t)▶	「はい、気になることがある、どうぞ」(d に指し棒を手渡す)
04 (d)▶	「おかしいところがある」(モニター前へ移動)
05 (d)▶	「これ!」(時計の部分を指し棒で示しながら)
06 (t)▶	「アップにしましょうか」(ipad の画面を操作してその部分を拡大する)
07 (t)▶	「これですか、はい」
08 (d)▶	「この黄色い時計、そもそも時計がぐにゃぐにゃになっているのもおかしいんだけれども、針がなんかおかしいというか……」(その部分を示しながら)
09 (d)▶	「針が、なんか、こう、どう、えー、どう言ったらいいん?」
10 (d)▶	「他はぐにゃぐにゃに……」
11 (t)▶	「針がぐにゃぐにゃになったってこと?」
12 (d)▶	「こうなっているのに、ここだけなんか直角になっている」(手で針の様子を表しながら)
13 (al)▶	「あー」
14 (d)▶	「この、長方形の、形に沿っているというか」
15 (t)▶	「あー、なるほど、直角になってると」
16 (t)▶	「なるほど、今いいこと言ったね、ぐにゃぐにゃになっているという言葉が出てきたね」
17 (t)▶	「もー、ぐにゃぐにゃ」
18 (e)▶	「溶けている」
19 (t)▶	「溶けているんちゃうか」
20 (f)▶	「暑さ、暑さ」
21 (t)▶	「暑さ。ここ暑いのかな?」
22 (g)▶	「え、でも日陰やろ」
23 (t)▶	「わからへんでー」
24 (t)▶	「他に何か、何かみつけたことありますか?」

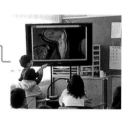

るほど、直角になってると」
[**15** t] と気になっている部
分を整理しました。そして、「な
るほど、今いいこと言ったね、
ぐにゃぐにゃになっているとい
う言葉が出てきたね」[**16** t]
と d の発言を繰り返しまし
た。

図14　作品の前で説明する d

　さらに、 t が「もー、ぐにゃ
ぐにゃ」[**17** t] と言うと、「溶
けている」[**18** e] という声
が上がりました。すかさず、
t は「溶けているんちゃう
か？」[**19** t]と問いかけると、
その原因を f が「暑さ、暑さ」
[**20** f] と指摘しました。そ
れを受けて、 t が「暑さ、こ

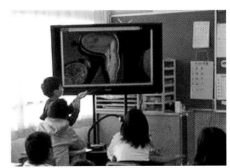

図15　針の様子を説明する d

こ暑いのかな？」[**21** t] と問いかけると、 g が「え、でも日陰やろ」
[**22** g] と答え、 t は「わからへんでー」[**23** t] と言いました。

　以上、教室内の相互行為・発話を辿っていくと、朝鑑賞をきっかけとして、
相互の関わり合いの一瞬一瞬において、〈私〉の疑問や問題・答え・考え・
知識などがつくりだされている姿を捉えることができます。このような姿は
他者と関わり合いながら展開され、やがては社会や文化をつくり出していく
ことにつながっていくのではないでしょうか。

　気になることがあるという発言から展開された d の「ぐにゃぐにゃに
なっている」という表現を、 e が「溶けている」という別の言葉で置き換
えています。このとき、 d にとっては、自分が気になっていたことが他者
に受け入れられて、さらに別の言葉で表現されたということを意味します。
すなわち、そのことを考えた〈私〉が評価されたといった相互行為の中で、

自己肯定感を育んでいく機会にもなっていることがわかります。これはとて
も重要な意味をもちます。

　門脇厚司氏は、これからの時代に求められる力として、「社会力」という
ものを提唱しています。これは「社会を作り、作った社会を運営しつつ、そ
の社会を絶えず作り変えていくために必要な資質や能力」*9 を意味するとい
います。社会を改善していくために、「相互行為する両者の頭の中で、互い
に行為がなされる状況とか相手の立場とか思惑とか、自分の利害や心積もり
など、いろいろなことを思いめぐらしながら、しかも相手の行為（出方）に
互いに影響され、かつ相手に影響を与えながらされる行為の交換」*10 を促
すことが重要であると主張しているのですが、まさに、朝鑑賞中における子
どもたちの柔軟な対話からは、影響を与えること・受けることを繰り返し行
いながら、「社会力」を身につけている姿が推察されます。

　子どもは、朝鑑賞という相互行為・相互作用の中で、新しい見方や感じ方
ができる新しい〈私〉を他者との関係の中でつくり、つくり変え、つくり続
けていると言えます。これは全くもってすごいことではないでしょうか。

　このような視点で子どもたち一人一人と向き合っていると、日常の学校生
活などにおいても、友達をはじめ、様々な他者と関わり合いながら、新たな
意味をつくり出していることに対して、教師は多様な側面を感じ取ることが
できるでしょう。子どもの変容と同時に、教師の子どもに対する見方や感じ
方も変容していくのです。

---

06 ▶ 小学校3年生による朝鑑賞
——ジョアン・ミロ《太陽の前の人と犬》——

　次は、3年生学級による朝鑑賞をみていきましょう。

　本実践*11 では、子どもたちが対話を通して情報を読み解いていく力を身
につけるとともに、互いに受容し合うあたたかい学級をつくっていく様子に
迫っていきたいと思います。

（1）朝鑑賞の概要

対象	滋賀県内ｈ小学校の３年生
ファシリテーター	学級担任
時期	2021 年 11 月 17 日（水）8:15〜8:30
場所	３年生の教室
使用した作品	ジョアン・ミロ《太陽の前の人と犬》

ジョアン・ミロ《太陽の前の人と犬》1949 年
バーゼル美術館（スイス）蔵
© Successió Miró / ADAGP, Paris & JASPAR,
Tokyo, 2024X0210
画像：ユニフォトプレス

10月から朝鑑賞を実施しているｈ小学校における、3年生の2回目の朝鑑賞です。

　ジョアン・ミロの《太陽の前の人と犬》は、学級担任が子どもたちにぜひ出会わせてあげたいと考えていた作品であり、「アート・カード」にはありません。不思議な線や形や生き物が描かれていて、多義的に鑑賞しやすい作品です。その画像をモニターに投影しました。

　ファシリテーター役の学級担任が、子どもたちに実際に投げかけた質問は次の3つです。

---

　①「何がみえますか？」
　②「この作品からどんな声や音が聞こえますか？」
　③「この作品に題名をつけるとしたら、どんな題名をつけますか？」

（2）朝鑑賞の実際
①「たしかに」「わかる」と共感する子どもたち

　ここでは、「この作品に題名をつけるとしたら、どんな題名をつけますか？」と投げかけた場面をみていきます。次のような相互行為・発話が展開されました（表12）。

　Ⓣ が「この作品に題名をつけるとしたら、どんな題名をつけますか？」［01 Ⓣ］と問うと、Ⓘ が手を挙げたので、「はい、Ⓘ さん」［03 Ⓣ］と指名しました。すると、Ⓘ は立ち上がって「はい、逆さま猫」［04 Ⓘ］と答えました。Ⓣ は Ⓘ に近づきながら「なんでなんで？」［05 Ⓣ］と理由を問うと、Ⓘ は「逆さま猫」［06 Ⓘ］ともう一度繰り返しました。再び Ⓣ が「どうして？」［07 Ⓣ］と聞くと、Ⓘ は「あの中に猫みたいな……」［08 Ⓘ］と説明を始めようとします。Ⓣ はすかさず「どこどこどこ？」［09 Ⓣ］と問い直し、前に来て説明するように促しました。このやりとりを聞いていた Ⓒ は「あ、本当だ、猫みたいのいるー」［10 Ⓒ］と発言しました。Ⓘ は一番後方の席からモニターの前に移動してくると、指し棒を使って「これが下向いているから」［12 Ⓘ］と説明しました。Ⓣ は、

表12　「どんな題名をつけますか?」に対する相互行為・発話

01 (t)▶ 「この作品に題名をつけるとしたら、どんな題名をつけますか?」

02 (l)▶ 手を挙げる

03 (t)▶ 「はい、lさん」

04 (l)▶ 「はい、逆さま猫」

05 (t)▶ 「なんでなんで?」（近づきながら）

06 (l)▶ 「逆さま猫」（繰り返して）

07 (t)▶ 「どうして?」

08 (l)▶ 「あの中に猫みたいな……」

09 (t)▶ 「どこどこどこ?」（前に来て説明するように促す）

10 (c)▶ 「あ、本当だ、猫みたいのいるー」

11 (l)▶ 一番後ろの席から移動する

12 (l)▶ 「これが下向いているから」（指し棒を使いながら）

13 (t)▶ 「あー、なるほどな、はい」

14 (t)▶ 「mさんどうですか?」

15 (m)▶ 「はい、4人のピエロ」

16 (t)▶ 「どこからそう思いましたか?」

17 (m)▶ 前へ移動する

18 (m)▶ 「これとー、これとー、これとー、これ、4人だから」（指し棒で指しながら）

19 (t)▶ 「あー、なるほどな」

20 (t)▶ 「はい、sさん」

21 (s)▶ 「はい、lさんとちょっと似てるんですが、うんとー」（前に移動する）

22 (s)▶ 「ここらへんは猫みたい、猫の耳とかで、黒いところは猫の耳とかでー、目と耳がここらへんにあって、しっぽがあって……」（指し棒で示しながら）

23 (d)▶ 「ホンマやな」

24 (s)▶ 「お母さんと猫」

25 (e)▶ 「ホンマや。そーやなー」

26 (d)▶ 「わかるー、わかるー」

27 (t) ▶「なんかわかるー」

28 (t) ▶「はい、n さん」

29 (o) ▶「猫飼い主だって」（隣の o が聞き取って代弁する）

30 (t) ▶「猫飼い主?」

31 (n) ▶「なんか、猫飼っている人がいるから」（本人が言う）

32 (t) ▶「どこに猫飼っている人がいるの?」

33 (p) ▶「あー、猫飼っている人ね、あの人ね」（一番後席から指しながら）

34 (e) ▶「あー、ホンマや。猫や」

35 (n) ▶ 移動して指し棒を受け取る

36 (n) ▶「ここ」（指しながら）

37 (t) ▶「その人が猫飼ってるみたいにみえるんか。なるほどなー、こんなふうにしてるね」（両腕を広げてみせながら）

38 (d) ▶「うん」

39 (t) ▶「確かに確かに。おもしろーい。ありがとー」

40 (n) ▶ うれしそうに手を 2 回たたきながら席に戻る

41 (t) ▶「はい、2 回目でもいいよ」

42 (t) ▶「はい、r さん」

43 (r) ▶「いろんな形の人」（席を立って答える）

44 (t) ▶「いろんな形の人ね。あー、確かにいろんな人がいるもんね、みんなが言ってくれたみたいに」

45 (d) ▶「確かにー」

「あー、なるほどな、はい」［**13**(t)］と答えました。

(m) が手を挙げていたので、「(m) さんどうですか?」［**14**(t)］と指名すると、(m) はその場で起立して、「はい、4 人のピエロ」［**15**(m)］と答えました。4 人のピエロがみえるというのです。すると、(t) はすかさず「どこからそう思いましたか?」［**16**(t)］と理由を問いました。(m) はモニター

の前へ移動すると、「これとー、これとー、これとー、これ、4人だから」[**18** ⓜ] と、4人のピエロにみえるものを指し棒で順番に示しながら説明しました。ⓣ は、「あー、なるほどな」[**19** ⓣ] と答えました。

　次に「はい、ⓢ さん」[**20** ⓣ] と指名すると、ⓢ は「はい、Ⓛ さんとちょっと似ているんですが、うんとー」[**21** ⓢ] と言って、自ら作品の前に移動し、「ここらへんは猫みたい。猫の耳とかで、黒いところは猫の耳とかで、目と耳がここらへんにあって、しっぽがあって……」[**22** ⓢ] と指し棒で示しながら説明しました。すると、ⓓ から「ホンマやな」[**23** ⓓ] という声がこぼれました。続けて ⓢ は、「お母さんとネコ」[**24** ⓢ] と題名を発表すると、ⓔ が「ホンマや。そーやなー」[**25** ⓔ] と言い、先ほど同意していた ⓓ も「わかるー、わかるー」[**26** ⓓ] と言いました。ⓣ も子どもたちと一緒に、「なんかわかるー」[**27** ⓣ] と言いました。

　続いて、「はい、ⓝ さん」[**28** ⓣ] と指名すると、ⓝ は隣の席の ⓞ に小声で伝えました。それを聞き取った ⓞ は「猫飼い主だって」[**29** ⓞ] と ⓝ の代わりに言いました（図16）。ⓣ が「猫飼い主？」[**30** ⓣ] とオウム返しをすると、先ほどはみんなの前で発言しなかった ⓝ が「なんか、猫飼っている人がいるから」[**31** ⓝ] と自ら説明しました。すかさず、ⓣ は「どこに猫飼っている人がいる

図16　隣の ⓞ が伝言する様子

図17　前に出て説明する ⓝ

97

の？」〔32　t 〕と、前に来て説明をするよう促したので、 n は作品の前
に移動し始めました。そのとき、後方の席の p が「あー、猫飼っている
人ね。あの人ね」〔33　p 〕と指しながら言うと、 e の「あー、ホンマや。
猫や」〔34　e 〕という言葉が教室内に響きました。 n は指し棒を受け取
ると、「ここ」〔36　n 〕と示しながら言いました（図17）。すると、 t は「そ
の人が猫飼っているみたいにみえるんか。なるほどなー、こんなふうにして
るね」〔37　t 〕と言いながら、その描かれている人物と同じように、両腕
を広げるポーズをとると、 d は「うん」〔38　d 〕と同意しました。 t
が「確かに確かに。おもしろーい。ありがとー」〔39　t 〕と伝えると、
n はとてもうれしそうに笑顔で手を２回パンパンとたたきながら席に戻る
姿をみせました。

　 t は続けて、「はい、２回目でもいいよ」〔41　t 〕と発言を求め、「はい、
r さん」〔42　t 〕と指名しました。 r が「いろんな形の人」〔43　r 〕
と立ち上がって答えると、 t は「いろんな形の人ね。あー、確かにいろん
な人がいるもんね、みんなが言ってくれたみたいに」〔44　t 〕と言うと、「確
かにー」〔45　d 〕と同意する d の姿がみられました。

　では、ここまでのやりとりを振り返りましょう。 t が「この作品に題名
をつけるとしたら、どんな題名をつけますか？」〔01　t 〕と質問すると、
l は「はい、逆さま猫」〔04　l 〕、 m は「はい、４人のピエロ」〔15　m 〕、
s は「お母さんとネコ」〔24　s 〕、 n は「猫飼い主」と作品からイメー
ジした題名をそれぞれつけている姿がみられました。本実践でも、クラスメ
イトが発言した後に、その題名を否定するような子どもは一人もいません。
子どもたち一人一人が感じ取ったことやイメージしたことを発言すると、ほ
かの子どもたちは「ホンマや。そーやなー」〔25　e 〕、「ホンマやな」〔23　d 〕、
「わかるー、わかるー」〔26　d 〕「確かにー」〔45　d 〕といってあたたかく
受容しています。このようなやりとりが自然に行われていることが、学級の
雰囲気のよさを物語っています。

　さらに、 n は、はじめは自分で発表せずに隣の席の o に伝え、代わり
に題名を発表してもらっていましたが、前に来て説明を促されました。作品

の前で発表することは n にとって勇気のいることだったかもしれません。しかし、一番後方の席の p の「あー、猫飼っている人ね。あの人ね」[**33** p]という声や、 e の「あー、ホンマや。猫や」[**34** e]という声に背中を押されて、 n は「ここ」[**36** n]（図17）と指し棒で指しながら発表することができました。 t は、描かれている人物と同じようなポーズをとり、 n の発表を肯定し、感謝を伝えました。すると、 n が自分の席に戻る際、とてもうれしそうに笑顔で手を2回たたいたのです。この出来事から、はじめは自信がなさそうだった n が、先生や友達からも認められたことで、自信を得た様子を見取ることができます。これは、自己肯定感を高める要因になるでしょう。

②学級の雰囲気に反映される教師の姿勢

　この学級には、発言者の考えや存在そのものをあたたかく受容するような雰囲気があります。こう述べると、もともと雰囲気がよい学級だから、このような関係が成立するのだと読者の方は思われるかもしれませんが、決してそのように言い切ることはできません。

　そもそも、この学級の雰囲気はどこから育まれていくのでしょうか。実は、子どもにとって最大の教育環境は「教師」なのです。子どもたちにとって影響力のある環境、すなわち教師の在り方が学級の雰囲気づくりに影響します。朝鑑賞を通じて、教師は教える人でも評価する人でもなく、ファシリテーターとして一人一人の子どもたちの考えや意見をより一層尊重します。子どもたちのものの見方や感じ方にふれることによって、教師自身が学ぶ姿勢が培われていくのです。この姿勢が学級内における子どもたちの安心感の土台となり、あたたかい雰囲気につながっていきます。

　本来、子どもたちが学校や教室で表現をする際には、このような環境が不可欠なのです。朝鑑賞を通して、このような魅力的な場を子どもたちと共につくり上げることができます。

　本実践から、朝鑑賞中の発言をすべて受容していくことの大切さを、子どもの姿を通して確認することができました。対話を通して情報を読み解く力を身につけるためには、その土台として、間違いを気にせずに表現できる場

が必須です。本実践では、学級担任が子どもたちに合わせてセレクトした多義的な作品を通して、様々な見方があることを子どもたちが実感することもできました。

　有名な作品に限らず、街中でみかけた看板やイラスト、子どもが描いた作品などを使用することも考えられるでしょう。

07 小学校4年生による朝鑑賞
―葛飾北斎《富嶽三十六景　神奈川沖浪裏》―

　最後に、4年生学級による朝鑑賞をみていきましょう。

　本実践では、葛飾北斎《富嶽三十六景　神奈川沖浪裏》との出会いをきっかけに、目にみえる情報とこれまでの自分の経験や知識とを結びつけながら、自分なりの答えをつくり、その根拠を説明する姿に迫っていきたいと思います。

葛飾北斎《富嶽三十六景　神奈川沖浪裏》1830〜1832 年
メトロポリタン美術館蔵
画像：メトロポリタン美術館オンラインコレクション
https://www.metmuseum.org/art/collection/search/36491

（1）朝鑑賞の概要

対　　象	滋賀県内k小学校の4年生（14名）
ファシリテーター	青木善治（出前授業）
時　　期	2023年11月2日（木）8:15～8:30
場　　所	4年生の教室
使用した作品	葛飾北斎《富嶽三十六景　神奈川沖浪裏》

　k小学校では、すべての学年・学級において2022年9月から朝鑑賞を実施してきました。本実践では校長先生からの依頼を受け、急遽、出前授業として私がファシリテーターを務めることになりました。また、このことは、事前に子どもたちには知らされていませんでした。

　葛飾北斎《富嶽三十六景　神奈川沖浪裏》は、「アート・カード3・4」の中から選んだ作品です。北斎の作品のなかでもとりわけ広く親しまれているので、子どもたちもこれまでに目にしたことがあるかもしれません。大波が立ち上がる一瞬をダイナミックに描いた作品です。カメラで撮影し、モニターに投影しました。

　ファシリテーターが、子どもたちに実際に投げかけた質問は次の4つです。

---

　①「何がみえますか？」

　②「この作品に描かれている時間帯は、朝、昼、夕のいつ頃だと思いますか？」

　③「この3艘の舟は何をしていると思いますか？　どこに向かっていると思いますか？」

　④「この作品にどんな題名をつけますか？」

（2）朝鑑賞の実際

①「なんか白いから」富士山だと答える子ども

　では、「何がみえますか？」と投げかけた場面からみていきます。次のような相互行為・発話が展開されました（表13）。

表13 「何がみえますか?」に対する相互行為・発話

| 01 | t | ▸ | 「何がみえますか?」 |

01 〔t〕▸「何がみえますか?」

02 〔al〕▸「海」と大勢が言う

03 〔al〕▸大勢が手を挙げる

04 〔t〕▸「はい、どうぞ」

05 〔a〕▸「えっと、富士山みたいのがみえる」（モニターの前で）

06 〔t〕▸「富士山みたいなの。どこですか?」

07 〔a〕▸「ここ」（山の部分を示しながら）

08 〔t〕▸「山がみえるね。富士山って、どこからそう思いましたか?」

09 〔a〕▸「なんか白いから」

10 〔t〕▸「なるほど。山の形とか、ここの部分が白いからね、確かにそうみえますね。他にも、はいどうぞ」

11 〔t〕▸前に移動してきたbに指し棒を手渡す

12 〔b〕▸「巨大波」（左側にみえる大きな波の部分を指しながら）

13 〔t〕▸「確かに、そこに大きな波がみえますね。はい、他にどうですか? はいどうぞ」

14 〔a〕▸「舟がみえる」

15 〔t〕▸「確かに舟がみえますね。何艘みえますか?」

16 〔a〕▸「2艘」（作品の前まで移動して）

17 〔d〕▸「あそこにももう1つある」（身を乗り出しながら）

18 〔a〕▸「3艘ある」（もう一艘を示しながら）

19 〔t〕▸「他にもみえますか? はいどうぞ」

20 〔b〕▸「人」

21 〔t〕▸「え、人がみえる? どこにみえますか?」

22 〔b〕▸「こことこことここ」（指し棒で示しながら）

23 〔al〕▸「あー、確かに」

24 〔t〕▸「この人たちは何をしているのかな?」

25 〔d〕▸「舟を漕いでいる」（漕ぐ動作をしながら）

26 (t) ▶「なるほど、確かに舟を漕いでいるようにみえますね。他にもありますか？ はいどうぞ」

27 (g) ▶「波の白いつぶつぶと夕日がみえる」（作品の前まで移動してきて）

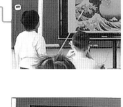

28 (t) ▶「確かにみえますね。白いつぶつぶね」

29 (d) ▶「まだある」（手を挙げながら）

30 (t) ▶「まだある？ はいどうぞ」

31 (d) ▶「空がある。なんか夕日っぽいの」（指し棒で示しながら）

32 (t) ▶「夕日だと、どこから思いましたか？」

33 (d) ▶「だってここらへん黄色いからさ。ここらへんに太陽のあとらしいのがみえるから」（それぞれの箇所を指し棒で示しながら）

34 (t) ▶「あー、なるほど。空の色から夕日だと思ったのね。確かにそうもみえますね」

(t) が「何がみえますか？」[01 (t)] と問いかけると、ほとんどの子どもたちが「海」[02 (al)] と答えました。大勢が手を挙げる中（図18）、(t) は (a) を指名します[04 (t)]。(a) はモニターの前まで移動してくると、「えっと、富士山みたいのがみえる」[05 (a)] と

図18 手を挙げる子どもたち

言いました。(t) が「富士山みたいなの。どこですか？」[06 (t)] と尋ねると、(a) は山のところを示しながら、「ここ」[07 (a)] と答えます。(t) が「富士山って、どこからそう思いましたか？」[08 (t)] とさらに質問すると、(a) は、「なんか白いから」[09 (a)] と山頂部分の形とその白さを指し示しながら答えました。(t) は、「なるほど。山の形とか、ここの部分が

白いからね、確かにそうみえますね」[**10** t]と受け止めます。

　次に、挙手していた b に発言を促しました。モニターの前に移動してきた b は、指し棒を手渡されると、左側にみえる大きな波の部分を指し示しながら「巨大波」[**12** b]（図19）と表現しました。t は、

図19　巨大波を指す b

「確かに、そこに大きな波がみえますね。はい、他にどうですか？　はいどうぞ」[**13** t]と再び a に発言を促しました。「舟がみえる」[**14** a]と発言した a に対して、t は「確かに舟がみえますね。何艘みえますか？」[**15** t]と質問しました。a は「2艘」[**16** a]と答えましたが、後席の d が身を乗り出しながら、「あそこにももう1つある」[**17** d]と指摘すると、a は「3艘ある」[**18** a]ともう一艘を指しながら言い直しました。

　再び挙手した b に発言を促すと［**19** t ］、b は「人」[**20** b]と答えました。t が「え、人がみえる？　どこにみえますか？」[**21** t]と尋ねると、b は「こことこことここ」[**22** b]と指し棒で示していきます。大勢の子どもたちから「あー、確かに」[**23** al]という声が上がりました。t はこれに注目して、「この人たちは何をしているのかな？」[**24** t]とさらに問いかけました。d は席に座ったまま、舟を漕ぐ動作をしながら「舟を漕いでいる」[**25** d]と勢いよく発言します。t は「なるほど。確かに舟を漕いでいるようにみえますね」[**26** t]と受け止めました。

　ここまでの場面を振り返ってみましょう。

　みえるものを発表していったとき、「富士山」と答えた a は、山頂部分の形とその白さを指し示しながら「なんか白いから」[**09** a]と答えました。a の頭の中では、これまで獲得してきた知識といま目にしているものを照らし合わせながら、自分なりの答えをつくりだしていることが推察されます。

「舟を漕いでいる」と答えた ⓓ は、舟を漕ぐ動作も伴いながら自分の考え
をどんどん表現する姿をみせました。

　ファシリテーターの反省点としては、指名が ⓐ に偏っていたことや、
ⓑ が「巨大波」[**12** ⓑ] と発言したときに、その「巨大波」の大きさや
その根拠をさらに問いかけられたのではないかという点が挙げられます。

　ⓖ や ⓓ から「夕日」がみえるという考えが出てきたことを受けて、次
は、描かれた時間帯について投げかけることにしました。「この作品が描か
れている時間帯は、朝、昼、夕のいつだと思いますか？」と投げかけた場面
をみていきましょう（表14）。

② 「ここらへんが暗いから５時ぐらい」と根拠を説明する子ども

　ⓣ が「今、時間帯の話が出ましたけど、この絵に描かれているのは、朝、
昼、夕方のいつ頃だと思いますか？　朝方だと思う人？」[**01** ⓣ] と問いか
けると、２人が手を挙げました。続いて、「昼かな？」[**03** ⓣ] と問うと、
１人が挙手、「夕方かな？」[**05** ⓣ] と問うと、７人が挙手しました。「夜」
[**07** ⓕ] と発言した子もいたので、「夜もいる？」[**08** ⓣ] と聞くと、１
人が手を挙げました。そこで、ⓣ は「ではぜひね、その理由を教えてくだ
さい」[**10** ⓣ] と呼びかけました。

　まずは、朝派の ⓗ が「夜が明けて、空がまだ暗っぽいから」[**12** ⓗ]
と答えます。「どこらへんですか？」[**13** ⓣ] と、作品の前まで移動して説
明するよう促すと、「ここらへん」[**14** ⓗ] と空の上あたりを指しました。
さらに ⓐ は「えっと、朝の５時くらい」[**16** ⓐ] と具体的な時間を示し
ました。ⓣ がその理由を尋ねると [**17** ⓣ]、「ここらへんが暗いから５時
ぐらい」[**18** ⓐ] と、その部分を示しながら説明しました。

　次に、昼派の ⓒ に発言を促すと、「空が白くなってきているし、この雲
が出てきてるから、お昼ごろかなって思って」[**20** ⓒ] と、空や雲を指し
ながら説明しました（図20）。

　夕方派の ⓖ が挙手したので、発言を促すと [**23** ⓣ] と、ⓓ は「ここ
の、雲のまわりの色が夕日にみえたから、夕方だと思います」[**24** ⓖ] と
説明しました。さらに ⓔ も、「ここの感じから」[**26** ⓔ] とその部分を

表14 「この作品に描かれている時間帯は、朝、昼、夕のいつ頃だと思いますか?」
に対する相互行為・発話

01 (t)▶ 「今、時間帯の話が出ましたけど、この絵に描かれているのは、朝、昼、夕方のいつ頃だと思いますか? 朝方だと思う人?」

02 (ab)▶ 2人挙手

03 (t)▶ 「昼かな?」

04 (c)▶ 1人挙手

05 (t)▶ 「夕方かな?」

06 (al)▶ 7人挙手

07 (f)▶ 「夜」

08 (t)▶ 「夜もいる?」

09 (f)▶ 1人挙手

10 (t)▶ 「ではぜひね、その理由を教えてください」

11 (t)▶ 「朝だと思う人? はいどうぞ」

12 (h)▶ 「夜が明けて、空がまだ暗っぽいから」

13 (t)▶ 「どこらへんですか?」 (作品の前まで移動して説明するよう促す)

14 (h)▶ 「ここらへん」 (空のあたりを示しながら)

15 (t)▶ 「なるほど。他にも朝の理由ある人いますか? はいどうぞ」

16 (a)▶ 「えっと、朝の5時くらい」

17 (t)▶ 「5時くらい。どこからそう思いましたか?」

18 (a)▶ 「ここらへんが暗いから5時ぐらい」 (その場所を示しながら)

19 (t)▶ 「なるほど。確かにそのへんが暗いですね。では昼かなって思う人、はいどうぞ」 と言う

20 (c)▶ 「空が白くなってきているし、この雲が出てきてるから、お昼頃かなって思って」 (作品の部分を示しながら)

21 (t)▶ 「あー、空や雲の感じからお昼なんじゃないかと。なるほど、確かにそうもみえてきますね。他にお昼の人はいる? いない? じゃあ、夕方かなーって思う人」

22 g ▶ 挙手する

23 t ▶「はいどうぞ」

24 g ▶「ここの、雲のまわりの色が夕日にみえたから、夕方だと思います」（その部分を示しながら）

25 t ▶「なるほど、夕日にみえると。確かにそうもみえてきますね。他にも夕方の人、はいどうぞ」

26 e ▶「ここの感じから」（その部分を示しながら）

27 t ▶「なるほど、この色からね。では、夜だと思う人いますか？ はいどうぞ」

28 f ▶「このあたりから暗いので、夜になりかけてる」（空の暗い部分を示しながら）

29 t ▶「なるほど。みなさん細かなところまでよくみていますね。実際はいつなんでしょうね。描いた人に聞いてみたいですね」

示しました。

　最後に、夜派の f に発言を促すと［**27** t ］、f は空の暗い部分を示しながら「このあたりから暗いので、夜になりかけてる」［**28** f ］と説明しました。t は「なるほど。みなさん細かなところによくみ

図20　雲を指して、「お昼頃」と説明する c

ていますね。実際はいつなんでしょうね？ 描いた人に聞いてみたいですね」［**29** t ］と言いました。

　ここまでの場面から、子どもたちは、それぞれの時間帯だと考えた根拠を自分のこれまでの生活経験と結びつけて説明していることがわかります。h は「空がまだ暗っぽいから」［**12** h ］朝、a は「ここらへんが暗いから5時ぐらい」［**18** a ］、c は「空が白くなってきているし、この雲が出てきてるからお昼頃かな」［**20** c ］、g は「雲のまわりの色が夕日にみ

えたから夕方」[24 g]、e は「ここの感じから」[26 e] 夕方、f は空の暗い部分を示して「このあたりから暗いので、夜になりかけてる」[28 f] と説明していました。しかも、全員、根拠と考える部分がそれぞれ異なっています。また、同じ朝でも、早朝の5時頃など、作品の中に描かれている情報をもとに時間を限定して考えている姿もみられました。

③「ある日、津波の大波が来て」と物語をつくる子ども

続いて、「この3艘の舟は何をしていると思いますか?」という投げかけの場面をみていきましょう（表15）。

t は、「この3艘の舟は何をしていると思いますか?」[01 t] と投げかけました。すると、a は「なんかこの人たちが、何かを探している」[02 a] と言い、「魚を捕まえる」[03 a] とつぶやきました。そして、その理由を「なんか下を向いているから」[05 a] と説明しました。

c は「この舟の人たちが、波をみている」[07 c]、i は「漕いでるようにみえる」[09 i] と次々と答えていきます。i はその根拠を「え、なんか下向いてるから。棒みたいなものを持っていて、大変そう」[11 i] と、大変そうな気持ちまで想像して表現しています。

g は「この人たちが助けを呼んでいる。ここに大波があるから」[13 g] と答えました。それを聞いた b は「えっと、ある日、津波の大波が来て、沈没しそうで、溺れそうで、必死に耐えている」[17 b] とさらに詳しく説明しました。b は、大波があるから、遠くの人に向かって助けを呼んでいる場面であるという新しい意味をつくり出しています。b は、g の発表から思いをめぐらし、津波が来たという一連の物語をつくりました。

同じ作品をみていても、実に多様な新しい意味をつくり出していることがわかります。そして、お互いの考えを尊重し、時には b のように、クラスメイトの考えをさらに発展させて、自分なりの物語や答えを導き出している姿をみることができました。これはアート思考が育まれている姿と言えるでしょう。

表15　「この3艘の舟は何をしていると思いますか?」に対する相互行為・発話

01 [t] ▷「この3艘の舟は何をしていると思いますか? はい、どうぞ」

02 [a] ▷「なんかこの人たちが、何かを探している」(その部分を指しながら)

03 [a] ▷「魚を捕まえる」(つぶやく)

04 [t] ▷「魚を捕まえる。どこからそう思いましたか?」

05 [a] ▷「なんか下を向いているから」(そのあたりを指しながら)

06 [t] ▷「確かに下を向いてますね。だから魚を捕っていると、なるほど。まだ他にもありますか? はい、どうぞ」

07 [c] ▷「この舟の人たちが、波をみている」(前に来て説明)

08 [t] ▷「たしかにそうですね。まだある、どうぞ」

09 [i] ▷「漕いでいるようにみえる」(前に来て説明)

10 [t] ▷「どこからそう思いましたか?」

11 [i] ▷「え、なんか下向いてるから。棒みたいなものを持っていて、大変そう」(その部分を指しながら)

12 [t] ▷「棒みたいなものを持っている。確かに持ってますね。まだありますか? ではどうぞ」

13 [g] ▷「この人たちが助けを呼んでいる。ここに大波があるから」(作品を指しながら)

14 [t] ▷「なるほど。誰に助けを求めているのかな?」

15 [g] ▷「この遠くの人に」(その部分を指しながら)

16 [t] ▷「なるほど。確かに、この大波だもんね。はいどうぞ」

17 [b] ▷「えっと、ある日、津波の大波が来て、沈没しそうで、溺れそうで、必死に耐えている」(その部分を指しながら)

18 [t] ▷「耐えているのね、確かにそうもみえますね。まだある、どうぞ」

19 (a) ▶ 「なんか、この人たちが下向いてるから、顔を洗ってる」（その部分を指しながら）

20 (t) ▶ 「なるほど、顔を洗っている。じゃあ、みなさんはこの舟の人たちはどこに向かっていると思いますか？ どこだろうね？ はいどうぞ」

21 (a) ▶ 「ここの富士山みたいな黒いところに向かっている」（その部分を指しながら）

22 (t) ▶ 「なるほど、黒いところに向かっている。はい、どうぞ」

23 (g) ▶ 「この富士山のような山のうしろ黒いところに向かっている」（そのあたりを指しながら）

24 (t) ▶ 「なるほどなるほど、そこに向かう途中なんですね、確かにそのようにもみえますね」

　そして、本実践における子どもたちの姿から、クリティカルシンキングの礎が培われていることも感じ取ることができました。

　稲庭氏は「クリティカルシンキング」について、次のように述べています。

　正解はひとつではないかもしれないという前提のもと、与えられた情報を鵜呑みにすることなく、問いに対するバイアスや前提を明らかにして、事実や根拠を確認するなど多角的に問い直しながら、最適解や納得解に辿り着くための合理的な考察*12

　朝鑑賞中、子どもたちは楽しみながら、作品から読み取った情報のほかに、他者の考えや自分自身のこれまでの経験や知識などを関連づけながら最適解を導き出そうとする姿をみせていました。

④主体性を育む場

　本実践では、外部の者である私がファシリテーターをしたにもかかわらず、子どもたちが感じ、考えたことを自由に伝え合っている姿がみられました。教室が何でも言いやすい場であることがわかります。

　日本で育ちイギリスで子育てをされたブレイディみかこ氏は、学びの空間について、次のように述べています。

　競争のない場所では、恥をかくことを恐れずに子どもたちが物を言えるようになる。だからこそ子どもたちは話し合いに積極的に参加し、自分の意見を言うことができるようになるのだ。ルーツ・オブ・エンパシーの授業の後に難しい教科の授業を入れると子どもたちの理解力が上がるというのも、おそらくこの自分から参加する姿勢が続くからだろう。

　子どもたちが自分で物を考えなくなったとか、自分の意見を言えなくなったとかいう前に、我々大人たちは、彼らが進んで何かを言う気になるアナーキーでエンパシーある空間を提供しているかどうかを考えてみなければならない。[*13]

　私は、まさに朝鑑賞の場が、このような素晴らしい空間になっていると感じているのです。

08　朝鑑賞から見取った子どもの姿

　朝鑑賞を導入した小学校の先生方に対して、子どもたちの様子をどのように感じるか、どのような変容がみられたかというアンケートを行いました。

　そのアンケートの回答の一部を紹介しながら、実際に見取ることのできた子どもの姿や、その変容についてまとめます。

（1）のびのびと楽しそうに発言している

　子どもが楽しそうに生き生きと発言しているという感想が、もっとも多く寄せられました。普段はあまり発言しない子も、朝鑑賞の場では発言への抵抗が少なくなるようです。

　正解／不正解がないという点で、どの子も発言しやすい場ができるのが朝

鑑賞の大きな魅力です。中には、「正解がない」からこそ戸惑う子もいるようですが、回数を重ねる中で変化していくでしょう。

【アンケートの回答から】

・何を話してもいいという気持ちがあるので、自分から手を挙げる子が増えた。（1年担任）

・あまり授業に参加できない児童からの発言もあり、全員の視線がモニターに向いている。（2年担任）

・普段挙手しづらい児童も発言できていた。相手の想いを聞いて、「あぁ〜」「ほんまや」と素直なうなずきが多くみられた。（1年担任）

・子どもたちが意欲的に発表していた。自分の意見がまわりに認められる心地よさを味わえたのだと思う。（3年担任）

・話をすることが苦手な子も多いが、朝鑑賞の自由な雰囲気の中では、思いついたことを楽しそうに話している。（特別支援学級）

・発表をしない子もいるが、ほかの子の意見を楽しそうに聞いているので、それはそれでよいかなと思う。（4年担任）

・「次もやりたい」「もうちょっと続けたい」という声が上がり、子どもたちは毎回楽しみにしている。（4年担任）

・普段、発表が苦手でかたまっている子も、朝鑑賞では生き生きとしている。一日の始まりを気分よくスタートできる。（3年担任）

・疲れた様子だった子どもたちが、朝鑑賞を通して活気を取り戻している場面もあった。発表に対して、「たしかに！」「ほんまや！」と自然と出る声がクラスをよい雰囲気にさせてくれる。（3年担任）

・とにかく子どもたちの表情が生き生きとしている。会話のキャッチボールができているし、何より子どもの発想がおもしろい！（特別支援学級）

・正解・不正解がないということに安心を感じている様子。友達の発言にうなずいたり、自分の発言に「なるほど」と言ってもらえたりすることを楽しんでいる。（2年担任）

- 6年生の子どもたちは「間違ってはいけない」という固定観念が強く、答えがないものに対して発言しない傾向にある。そのため、1回目はあまり手が挙がらず意見を言わなかった。続けていくことで、効果をみていきたい。（6年担任）
- 他教科でも「間違っているかもしれないけど」「たぶん」という前置きをしながら、自信はなくてもとにかく発言してみようという雰囲気が広がっている。（5年担任）

（2）いろいろな見方や感じ方があることを実感できる

　朝鑑賞を通して、人によっていろいろな見方や考え方があるということ、そしてそれを互いに尊重することが大切であるということを自然と感じ取っていくことができます。多面的に考え、多様性を受け入れようとしている姿を見取ることができたという意見も多く寄せられました。

【アンケートの回答から】

- 友達の気付きを聞くことで自分とは違う感性に触れられ、毎回楽しそうに過ごしていた。（1年担任）
- 朝？　昼？　夜？　と聞いたら、全部（朝、昼、夜）と答える子がいて、一枚の絵に一日の流れを感じているのだと思った。いろいろな見方や感じ方があるのだと私自身も学んだ。（1年担任）
- 友達の新しい見方を知り、「なるほど」と納得している様子だった。どの意見も「そうかもしれないよね」と肯定できるので、とてもよい雰囲気。（4年担任）
- 「この人物はどんなことを考えているのでしょうか？」などの投げかけは、相手の表情から気持ちを想像することを促すので、とても大切なことだと思う。（2年担任）
- 題名を子どもたちに決めてもらうと、想像のつかない題名がたくさん出てきておもしろい。

（3）どんな意見も受け入れられる安心感のある学級になる

　人によっていろいろな見方や考え方があることを知り、互いに尊重する態度が醸成されていくと、思いやりにあふれたあたたかな学級になっていきます。学級づくりにおいても、朝鑑賞がプラスに働いていることを実感しているという意見が多く寄せられました。

【アンケートの回答から】

・人によって見方がこんなに違うのだということを、子どもたちは実感できたと思う。どんな意見も受け入れられる安心できる学級になるのではないかと思う。（5年担任）

・幅広いものの見方ができるようになること、そのことを安心して伝えることができる雰囲気づくり、受け入れてもらえたという安心感、学級の素地づくりに大いにプラスになるなと感じている。（教務主任）

・多様な考えや思いを引き出す場として素晴らしい時間だと思う。発表後に聞こえる「あーなるほど」「確かに〜」という言葉は、安心できる学級風土の醸成につながるだろう。（教務主任）

・いろいろな気持ちや考え方に共感する力を身につけられたと思う。（特別支援学級）

　以上、アンケートの回答をもとに、朝鑑賞を通した子どもの変容についてまとめました。

　正解／不正解のない朝鑑賞の場では、自分の発言を否定されることがないため、通常の授業では発言をためらう子も抵抗なく参加できます。さらに、その影響が通常の授業にも波及して、自信はなくても発言してみようという雰囲気が広がるという変化が起こります。

　また、いろいろな見方や考え方があることを受け入れることで、互いを尊重する学級風土が培われるため、学校生活のあらゆる場面にプラスの影響が出ると考えられます。朝鑑賞の時間が楽しいというだけにとどまらず、通常の授業や学級活動にも生き生きと取り組む子どもの姿が期待できるのです。

09 教師自身の気づきや成長

　アンケートの回答からは、教師自身の気付きや成長に関する言及も多くみられました。朝鑑賞は、教師にとっても大きな学びと喜びを得ることのできる活動だということがわかります。

（1）子どもを理解するための助けになる

　子どもを理解することにつながったという意見が多くありました。朝鑑賞では、普段はあまり発言しない子の言葉を聞くこともできるので、意外な一面を知ったり、一人一人の子どものよさを感じ取ったりすることができるのです。それは、教師にとって大きな喜びとなるでしょう。

【アンケートの回答から】
・子どもたちの様々な感じ方を知ることができて楽しい。（1年担任）
・子どもたちのものの見方や感じ方、考え方から自分自身も学ぶことができた。（6年担任）
・普段は挙手をしない子が発表したり、「この子からこんな発言が！！」という意外な場面があったりして、発見と驚きの時間だった。また、私自身も子どもの発言を聞いて、とても勉強になった。（2年担任）
・朝鑑賞の時間は、ほとんどの意見が受け入れられる雰囲気があるので、授業中にあまり発言しない子が発表することがあり、意外な面を発見することができた。（1年担任）

（2）教師自身の学びになる

　より充実した対話の場をつくるためには、ファシリテーターの役割は重要です。そして、朝鑑賞でファシリテーター役を務めることは、教師自身の力量を高めることにもつながります。なぜなら、子どもの思いや考えを読み取りながら、一人一人のよさを伸ばしていくような支援をすることは、朝鑑賞

に限らず、学校生活を通して教師に求められる役割と言えるからです。

　アンケートには、そのような力量形成に役立ったという意見も寄せられました。

【アンケートの回答から】

・最初はどうつなげたらよいかがわからなかったが、やっているうちにファシリテートの方法が少しわかってきた。（5年担任）

・子どもたちは、頭に浮かんだイメージを伝えることが上手になってきたように感じる。教師側は、どのような発問で、子どもにイメージをもたせるのかを考える訓練になる。（特別支援学級）

・月に一回のペースなので、自尊感情を高めることにつながっているかどうかということはまだ判断しがたい。回数を重ねていくことでどう変化していくか、注意深く見取っていきたい。（4年担任）

・子どもの発言を常に意識するように心がけている。（6年担任）

　以上、アンケートの回答をもとに、朝鑑賞を通した教師自身の気づきや成長についてまとめました。

　アンケートを実施した学校では、先生方の負担感を考慮し、月1回というペースで朝鑑賞を全校一斉にスタートしました。毎週実施している朝読書の時間の内、月に1回を朝鑑賞に活用しています。月に2〜3回できたら理想的ですが、無理をすると長続きしません。月に1〜2回でも、継続してこのような場を確保し続けていくことが大切だと考えます。

　寄せられた感想からは、教師が子どもに教えるのではなく、子どもから教師が学ぶ姿勢を読み取ることができます。すなわち、朝鑑賞の子どもの姿を通じて、教師自らの「子ども」観や「学び」観に変容が生じていることがわかるでしょう。

10　こんなときどうする？　朝鑑賞のお悩みQ&A

　朝鑑賞を導入する学校や先生方から私のもとに、大きな手応えを実感するという報告がある一方、朝鑑賞を進める上での疑問や悩みも寄せられています。ここでは、そんなお悩みに対する私の回答を紹介します。あくまで考え方の一つですが、読者のみなさんも参考にしてみてください。

Q₁ 小学校1、2年生におすすめの絵があれば教えてください。絵を選ぶのが難しいと感じています。

A₁ 「何だろうこれは？」と気になる作品を選ぶのがおすすめです。多義的に捉えられたり、不思議に思ったりするような作品だと、子どもたちも思わず目を向け、思考し始めます。

　ちなみに、アートカードは低・中・高学年用に分かれていますが、その枠組みにとらわれず全学年から自由に選んでよいです。先生が気になるような作品を選びましょう。

　ちなみに、1、2年生であれば、小川芋銭《畑のお化け》は特におすすめです。様々な野菜に表情が描かれているので、子どもたちの興味を引きつけ、想像力をかき立てます。もちろん、どの学年でも楽しめるでしょう。

Q₂ 作品の選択肢がほしいです。「去年もこれみた」というものが多くなってきて、みていないものの中から作品を選ぶのが難しいです。

A₂ アートカードの作品に限らず、好きな絵やイラスト、街中でみかけた看板などを選んでも構いません。選択肢は無限にあります。作品にはそれぞれ著作権がありますが、著作権法第35条によって、授業での使用に関しては、一定の範囲で自由に使うことが認められています。

117

著作権は、日本をはじめとした多くの国で、著作者の死後70年まで保護されています（保護期間が異なる国もあります）。作品を勝手に複製するのは著作権の侵害となりますが、学校の授業で子どもたちに提示する場合などは、その公共性から、許可をとらずに使用することができます*14。使用にあたっては、ルールを守って適切に使うようにしましょう。

また、たとえ同じ作品を何年後かに再びみたとしても、一緒にみるメンバーが違ったり、自分自身も変容したりするため、違うみえ方を楽しむことができます。それもまた、よい経験になるでしょう。

Q3 発言していない子まで、豊かな発想ができているか判断ができません。意図的に指名をするべきでしょうか？

A3 たとえ挙手していなくても、「この子は何か言いたいことがありそうだな」「何か感じ取っていそうだな」と表情から読み取れるようであれば、指名してみてはいかがでしょうか。

「何がみえますか」という投げかけは、みえているものを述べればいいので、どの子も発言しやすいと思われます。もし答えられなかったら、「また後で考えがまとまったら教えてくださいね」と伝えてみてください。答えられなかったことを本人が引け目に感じることのないようにしたいです。

ただし、一番大切なことは子どもが「発言する」ことではなく、子どもが「思考する」ことです。友達の発言を聞いているようであれば、それを受けて、発言していない子も思考しているはずです。表面的なことだけではなく、表情などから子どもたちの内面（思考）を常に捉えるようにしていきましょう。友達の発言をしっかりと聞くこと（傾聴）の方が、実はとてもとても難しいことなのです。

Q4 発言する人が少なくてもよいのでしょうか？　また、ペアやグループで話し合わせてもよいのでしょうか？

A4 一クラスの人数が多いと発言できない子どもも出てくると思います。本来、美術館におけるギャラリートークは 10 名ぐらいがもっとも適した人数です。学級で行う際、あらかじめ配付した付箋に、子どもたちが題名と氏名を書いたものを廊下などに掲示しておきました。すると、発言できなかった友達の考えやアイデアを共有することができます。

　学級の実態に応じてペアやグループで話し合わせてもよいですが、朝鑑賞は限られた時間でもあるので、しばらくは、ファシリテーター役は子どもに任せずに、すべて先生がされることをおすすめします。ファシリテーターを教師自らが行うことによって、授業力をより一層高めることにもつながります。子どもたちからの多くの意見や考えを適切に整理しながらつなげていくことは、考えている以上に難しいことなのです。回を重ねていく中で、そのコツを体得することができ、他教科の授業においてもその力が生かされるようになります。そして、子どもたちはより一層、能動的な学習者へと変容します。まさに、「主体的・対話的で深い学び」の礎となるのです。

Q5 「この絵をみてどう思いますか？」「どこからそう思いますか？」以外に話題を広げるのが難しいです。どうしたら、子どもたちから様々な意見が出てくるでしょうか？

A5 「この絵をみてどう思いますか？」という抽象的な投げかけよりも、「何がみえますか？」という具体的な投げかけの方が、子どもたちは答えやすいです。また、子どもの回答をすぐに解釈してまとめるのではなく、あえて「わからず屋」になってみましょう。「どこからそう思ったの？」と返し、その根拠を聞いていきます。

そのように考えた根拠を問うことで、子どもは自分の考えを言語化します。そして、それを聞いた子どもたちは、自分の考えと比較しながら、他者の考えを受け止めます。一人一人の考え方の違いに気づくきっかけにもなります。様々な意見というよりも、その根拠を豊かに表現することを促すようにしましょう。作品に応じて、「何がみえますか？」ではなく、「何が起きているでしょうか？」と投げかけてみるのも効果的です。

教師は教えない人・引き出す人・つなげる人に徹することが大切です。日常の授業も、この意識をもって行うと、子ども主体の授業となるのです。

Q_6　発問のレパートリーがいつも同じになってしまいます。

A_6　例えば、「あなたは、この絵の外側（右・左・下・上）には何がみえますか？」などの投げかけも考えられます。また、アートカードの解説に、それぞれの作品の主な投げかけ例が記載されているので、他学年のものも含めて参考にしてみてください。

同じ作品でも、投げかけを変えることで、異なる展開になります。例えば、「この作品をみて思いついたお話をつくってみましょう」という投げかけも考えられるでしょう。この場合は、3〜4分くらいお話をつくる時間をとります。そして、完成したお話を紹介し合うという展開です。朝鑑賞に慣れてきた子どもたちであれば、このような発展的な投げかけを試してもよいでしょう。

Q7 イメージが膨らみすぎて、作品とは話がずれていってしまうことがあります。話が盛り上がっているのなら、それでもよいのでしょうか？

A7 一見、作品とは話がずれていっているように思われるかもしれませんが、作品がきっかけとなり、子どもの中では思考がつながっているのではないでしょうか。大切なことは「それは作品とは関係ないことでしょ」などという言葉かけは決してしないようにすることです。

　話がずれていっているように感じたとき、私だったら「どこからその考えが出てきたのか教えて」と聞くかもしれません。理由を聞いて、「あー、なるほど。〇〇さんはそういう経験から発想したのですね。すごいですね。私には思いつきませんでした。教えてくれてありがとう。また教えてね」などと言うでしょう。

　一見、大人からしてみると関係ないように思われるようなことでも、子どもの中では無関係ではないのです。そして、あることがきっかけで、話が本筋に戻ることもあるでしょう。しかし、朝鑑賞は時間も限られているので、きりのよいところを見極めて、新たな投げかけをされてみてはいかがでしょうか。

　朝鑑賞の場では、子どもたち一人一人の見方や感じ方、発想や思考を教師が見取ることができるため、子ども理解にもつながります。

Q8 自分と異なる意見に対して、批判したり、馬鹿にしたりする子どもがいます。そのため、学級が険悪な雰囲気になってしまうことがあるのですが、ファシリテーターはどう振る舞えばよいのでしょうか?

A8 対話型鑑賞では作品の解釈は自由であり、仮に作者の意図と異なっていたとしても、不正解ではありません。様々な解釈が存在することのおもしろさを感じることができるようにしていくことが大事です。

　朝鑑賞は、算数や理科などあらかじめ正解のある学習活動とは異なり、正解も不正解もありません。子どもたちがそのような活動に慣れていないと、つい「どちらが正解か」という基準で言い合いになる場面があるかもしれません。

　私なら、次のように子どもたちに伝えます。「たくさんの意見を出してくれてありがとう。本当はどうなのかな。作者に手紙でも書いて聞いてみますか? 実は、作者自身もわからないことも結構あるものです。大切なことは、自分自身がどう感じて、どう考えたのかということです。同じものを見ていても、いろいろな見方や感じ方、考え方があります。みなさんの顔が一人一人違っているように、考え方も違っていて当然です。みなさんから出てきた発想や発言はどれも素晴らしいです。どんどんお互いの考えを出し合って、違いを楽しんでいきましょう」

Q9 子どものどういう姿を引き出すのが正解なのかわかりません。「これでいいのか…?」という不安を常に感じながら実践しています。

A9 子どものどういう姿を引き出すのが正解なのか、それは朝鑑賞中でも授業中でも、ズバリ「思考し続ける姿」です。発言してもしなくても、クラスメイトの話をよく聞いて、自分はどう思うかよく考えている、そんな姿を引き出せるとよいでしょう。

教師はどうしても「教える人」になってしまいます。実は、授業中に教師が熱心に教えれば教えるほど、「お客さん」が大勢生み出されていきます。自ら思考しなくても、先生の説明を聞いて板書を書き写していけば、学んでいると子どもたちは勘違いしてしまいます。そして、受動的な学びが生まれるのです。

「学校」の中には、「教室」があります。そして、「教師」がいます。大学で言えば、「講義室」です。私は、この名称を改めるべきとも感じています。例えば、「教室」ではなく「学室（アクティブ・ラーニングルーム）」。そして、「教師」ではなく「コーディネーター」「ファシリテーター」もしくは、子どもたちと知識や学び、子どもと子ども、子どもと地域などを「つなぐひと・コネクター」や「エデュケーター」（引き出す人）です。このような存在になることがとても重要であると考えています。それには、教師一人一人の意識を変える必要があります。

最後にどのように終わればよいのかがわかりません。落としどころや締めくくり方が難しいです。

対話型鑑賞には、正解／不正解がないので、他教科のように結論をまとめる必要はありません。どんな言葉で締めてもよいですが、私が実践していた際には次のような言葉でお開きにしていました。「みなさんと一緒に作品をみると、私が考えもつかないような、いろいろな見方や感じ方、考え方を知ることができて、とても楽しかったです。本当にみなさんはすごいですね。また次回も楽しみにしています」

注）--
＊1　竹内敏晴『思想する「からだ」』晶文社、2001、pp. 199-200
＊2　本稿は、以下の論文をもとに加筆したものである。青木善治「互いのよさや個性を認め尊重し合う子どもの育成に関する教育実践研究―対話による美術朝鑑賞（朝鑑賞）の活動を通して」大学美術教育学会『美術教育学研究』第54号、2022、pp. 1-8
＊3　佐藤学『学校の挑戦学びの共同体を創る』小学館、2006、p. 15
＊4　モーリス・メルロ＝ポンティ、中山元訳『メルロ＝ポンティ・コレクション』ちくま学芸文庫、

1999、p. 139

＊5　本稿は、以下の論文をもとに加筆したものである。青木善治「自己肯定感を高め、互いのよさや個性を認め尊重し合う子どもの育成に関する教育実践研究―対話型鑑賞（朝鑑賞）の活動を通して」滋賀大学教育学部『滋賀大学教育実践研究論集』第4号、2022、pp. 71-78

＊6　本稿は、以下の論文をもとに加筆したものである。青木善治「小学校における対話型朝鑑賞（朝鑑賞）の効果に関する一考察」『滋賀大学教育学部紀要』第72号、2023、pp. 241-251

＊7　上野直樹『仕事の中での学習―状況論的アプローチ』東京大学出版会、1999、p. 134

＊8　末永幸歩『「自分だけの答え」が見つかる13歳からのアート思考』ダイヤモンド社、2020、p. 13

＊9　門脇厚司『子どもの社会力』岩波新書、1999、p. 61

＊10　同上書、p. 40

＊11　本稿は、以下の論文をもとに加筆したものである。青木善治「令和の日本型学校教育とSociety5.0に向けて小学校で朝鑑賞に取り組む教育実践研究の一考察」滋賀大学教育学部紀要　第73号、2024、pp. 159-171

＊12　稲庭彩和子編著『こどもと大人のためのミュージアム思考』左右社、2022、p. 124

　　　同書には、鑑賞するための5つのポイントとして、「観察、把握、解釈、発見・比較、再構築・言語化」が示されている。「①観察…モノに関心を向け、自分の経験とつなげて関心を寄せる。②把握…モノをじっくり隅々まで端折らずに見る。分かったつもりにならずに、判断を先延ばしにしてじっくり把握する。③解釈…自分の好奇心や直観に素直になり、モノを見ながら考える。目に見えたことも推察してみる。モヤモヤとした腑に落ちなさも含めてよしとし、問いにつなげる。④発見・比較…対話を通して他者の声に耳を傾け多様な視点に気づく。⑤再構築・言語化…自分の認識を構築し直し、自分の言葉で伝える。この5つの側面はランダムに繰り返され、理解が深まっていきます」

＊13　ブレイディみかこ『他者の靴を履く』文藝春秋、2021、p. 290

＊14　文化庁「改正著作権法第35条運用指針（令和2（2020）年度版）」著作物の教育利用に関する関係者フォーラム、2020、https://www.bunka.go.jp/seisaku/chosakuken/pdf/92223601_11.pdf

第4章

アートを通して自己肯定感を育む

01 朝鑑賞の広がり ―学校運営の視点から―

　前章では、朝鑑賞の実践を通して、子どもと教師が共に学び、互いを尊重し合いながら、自己肯定感を高めていく様子を紹介しました。

　カリキュラムに大きな影響がないため、学級単位で手軽に取り入れることができるのも朝鑑賞の魅力ですが、学校全体で取り組んでいるケースもあります。その場合、朝鑑賞のプラスの影響が学校全体に広がるため、大きな効果が期待できます。

　ここでは、朝鑑賞を導入している彦根市立平田小学校、彦根市立高宮小学校、米原市立米原小学校の各校長先生の声を紹介します（太字は筆者による）。

朝鑑賞のウェルビーイングな効果

令和２・３年度彦根市立平田小学校校長　　加藤洋一

　「作品について感じ、考えたことを、発言したり聞いたりすると、なんだかいい気持ちになっていく」、私自身が実際に対話型鑑賞を経験してみて感じたことである。

　子どもたちの自尊感情を高めたいと願う先生は多いだろう。私も赴任した学校ごとに取り組みを工夫してきた。しかし自尊感情と学力はセットで低い場合が多く、決め手に欠いた。そんな中、青木善治先生との出会いで感じるものがあり、すぐに校内研修を実施して実際に自分が体験してみた。上記のような感覚が私の中に残り、その効果に確信を得たことを覚えている。

　何より私自身が楽しめたのである。照れながら発表したら、教職員が好意的に反応してくれてうれしくなり、しばらく気分がよかったことをおぼえている（単純）。私だけでなく各教員が手応えを得ていたと思う。朝鑑賞で「自尊感情」「学習意欲」の育成の効果が期待できそうだと感じた瞬間であろう。

善は急げ、とばかり、2学期から月1回15分の朝鑑賞を導入したが混乱はなかった。彦根市立平田小学校では現在もこの取り組みを継続している。

朝鑑賞では、**自由に感じ、平等に発表し合い、聴き合う時間が生まれている。一つの作品を学級みんなで観察し、みつけたことや考えたことを発表し合い聴き合うことが、こんなに気持ちのよい空間をつくり出すということは、導入してみて初めてわかったことである。**

同時に、私は教員の育成も意識してきた。朝鑑賞を実践する際には、「聴く力」「つなぐ力」が必須になるため、教員の授業力向上にもつながるだろう。まさにファシリテーション力である。**朝鑑賞において教師は教えない存在になるため、美術的素養は必要ない。準備や教材研究などの負担があまりない点も、働き方改革の時代に魅力であった。**

教育は様々な取り組みが有機的に働いて時間をかけて熟成し、子どもたちの成長に寄与していくものであろう。ささやかな取り組みであるが、受容し合える素敵な人間関係は、子どもたちに大切なものを生み出していくと思う。これからも成長を見守っていきたい。

加藤先生とは、滋賀県美術教育連盟の総会で自己紹介をした際、朝鑑賞の魅力について話したことがきっかけとなりました。加藤先生がおっしゃるように、朝鑑賞には教師の「聞く力」「つなぐ力」が必須となります。本来は他の授業でも同様なのですが、朝鑑賞では評価も不要なので、ファシリテーター役に専念することができます。ファシリテーターすなわち「教えない人」になれる時間を確保することの価値は非常に大きいと感じます。

自己肯定感につながる「朝鑑賞」の魅力について

令和4・5年度彦根市立平田小学校校長　宮﨑良雄

本校では、令和3年度9月から朝学習の時間を使って、月に1回朝鑑賞を行っている。私自身は令和4年度に赴任し、この活動を継続し

ている。

　朝鑑賞では、「間違いはない」という安心感からか、みんなの前に出て、作品を指しながら自分の思いや考えを伝えている。それを聞いている子どもたちからは、「へぇ〜、ほんとうや！」「そうみえる、みえる」「すごいなぁ」などの声が上がり、お互いに気持ちや思いを交流することができている。

　また、教員はすべてが美術の専門家ではないが、子どもたちと一緒になって作品を鑑賞し、共に考え、発見し、共感している姿がよい。導入から1年経った頃、再び青木教授を講師に迎えて研修の場をもった。「朝鑑賞とは何か」「いかに子どもたちに投げかけるとよいか」「どのように言葉を返すとよいか」など、改めて研修することで、各教員が自信をもって朝鑑賞に取り組むことができるようになったと感じる。さらに、作品をモニターに映し出し、教員がタブレットの機能を活用して、一部分をぐっと拡大することで、細かな気づきをみんなで確認するなど、教員も工夫しながら技量を高めている。

　月1回の取り組みではあるが、朝鑑賞を通して、子どもたちが作品を楽しみつつ、自分の感じたままに伝え、それをまわりの子どもたちに認めてもらえるということが、自己肯定感につながっているのではないかと感じている。

　今後も、子どもたちがお互いに認め合い、尊重できる学級集団づくりに向けて、この取り組みを継続して進めていきたい。

　子どもたちが作品を楽しみつつ、自分の感じたままに伝え、それをまわりの子どもたちに認めてもらえる、まさにそんな姿を私も平田小学校でいつも目にしていました。朝鑑賞の時間は、どの学級でも、教室に入った途端にあたたかい空気を感じます。落ち着いてしっとりとしながらも、とても生き生きと楽しい空気感に包まれます。この教室環境が何よりも大切だと感じます。

朝鑑賞の取り組みを通して

彦根市立高宮小学校校長　　久保田　篤

　対話型鑑賞を朝の時間に取り入れるという取り組みについて、担任の先生方の受け止めにそれほど抵抗感はなかった。令和4年度の2学期から導入するにあたり、夏季休業中に青木先生の研修会を本校で開催していただいたことも、安心感につながった。

　最初の鑑賞は、学年ごとに同じ題材を扱うこととした。初回は、子どもたちも先生方も初めての体験で、やや緊張した雰囲気でスタートしたが、先生の「何がみえますか？」の問いかけに、普段発言の少ない児童も気づいたことを発表してくれた。**発表することが得意ではない児童も、先生の励ましによって前に出て、指し棒で指し示しながら得意げに発表していたのである。**

　回を重ねるうちに、子どもたちも慣れてきて、どんどん発表するようになってきた。しかし、前に出て発表することをためらう児童もいるので、その子らが内面で考えたことを表現し合う方法を模索中である。

　また、**担任はよき理解者でありすぎて、子どもの思考や表現を代弁してしまう傾向がある。これからは、学びのファシリテーターとしての役割が重視されている。対話型鑑賞は、子どもの「気づき」や「伝えたいこと」を、教員が引き出したりつないだりするファシリテーション力を培っていける場である。**

　子どもの気づきや共感し合う態度を、子どもの声をつなげ学び合いを高める教員の指導力を、これからも対話型鑑賞で培っていきたい。

　高宮小学校は、各学年3クラス以上ある大規模校です。そのような環境において、先生方が子どもの気づきや伝えたいことを引き出したり、つないだりするファシリテーション力を高めていることを頼もしく感じています。高宮小学校の朝鑑賞では、子どもの意見を安易に代弁せず、あえてちょっと物わかりの悪い人を演じて、子どもの考えを引き出すような姿がみられました。

教師が「教えない人」になる重要性を再確認しています。

教師も子どもも「答えのない自由な世界」を 味わうことができる朝鑑賞

令和5年度米原市立米原小学校校長　　億田明彦

本校では令和4年度より、青木教授と連携しながら朝鑑賞に取り組んでいる。

朝鑑賞を実施する中で、まず感じたのは、教師も子どもも「答えのない自由な世界」を味わうことができるということである。子どもたち一人一人が口々に言葉を発し、お互いの考えを聞き、「そういう考え方もあるよね」と他者の考えを肯定する。そして、自分の考えと他者の考えを擦り合わせ、新たな考え方を生み出していく。

この取り組みを通して、他者を理解するには対話が最も重要であることがみえてくる。対話を繰り返す中で、子どもたちは多様性に気づき、他者を理解していく。**朝鑑賞では「答え」は自由で、それぞれが感じた思いを出し合うことで、コミュニケーションが高まり、自己肯定感が育成されていく。**

学習指導要領の目指す資質・能力をはじめ、米原市が目指す「子どもたちが自分でつかむ自分の未来」の実現に向けて、朝鑑賞の取り組みを引き続き実践していきたい。

億田先生がおっしゃるように、朝鑑賞では自分の考えと他者の考えとすり合わせ、新たな考え方を生み出していく姿がみられます。これはまさにアート思考です。子どもたちは対話しながら、新しい意味や価値をつくり、こんなふうに感じ考えている自分自身がいるのだということ、すなわち自分自身の他者性にも気づくことができます。朝鑑賞のたった15分程度の時間において、このような大きな変革が子どもたちの中で起きています。本当にすごいことです。

　以上、4名の校長先生の感想からは、学校全体で朝鑑賞に取り組むことで得られた効果や手応えを読み取ることができます。

02　学校・美術館・アーティストの連携を通して

　誰でも手軽に始められるのが朝鑑賞の魅力ですが、さらにアートとのつながりを深めたい、アート思考や自己肯定感を高める活動を取り入れたいという方のために、私がこれまでに経験した活動を紹介します。朝鑑賞の普及に本格的に取り組む前のことですが、校長として取り組む学校改革において、美術館やアーティストとの連携を図ることで、子どもたちのアート思考や自己肯定感がより高まるような活動を実現することができました。

（1）美術館での経験から

　私は、2013年4月から4年間、新潟県教育庁文化行政課（新潟県立近代美術館)において、学芸員と一緒に美術教育の普及に従事しました。その際、「アート・カード」を用いた鑑賞や対話型鑑賞の有効性を体感し、教育現場でもっと普及させたいという思いを強くしたのです。

　そして、その効果や有効性を拙稿（2022)[1]にまとめ、大学美術教育学会誌への投稿や大学美術教育学会での発表などにおいて、対話型鑑賞および朝鑑賞の効果や可能性を示してきました。さらに、彦根市をはじめとした滋賀県内の小学校で、朝鑑賞の共同研究に継続して取り組んでいます。

　小学校の校長として、美術館との連携を図る際には、実際に美術館に勤務していた経験があることが大いに役立ちました。

　ちなみに、新潟県立近代美術館での主な仕事は次の通り、実に多岐にわたりました。

・美術館の教育普及
・団体来館の対応（幼稚園・保育園・小学校・中学校・高等学校・特別支援学校小～高等部、大学、大人の団体など、年間250件以上。来館人数

131

も 2〜300 人と様々）

・中学生の職場体験

・各種ワークショップ

・対話型鑑賞を取り入れたギャラリートークの開催（図1）

・展示室の企画・運営・広報など

図1　対話型鑑賞の様子

①展示の工夫

　教育普及に関する仕事として、宮下東子学芸員を中心に、みなさんで知恵を出し合い、可能な限り子どもも楽しめる展示企画を実施してきました。その一例を紹介します。展示している全作品にそれぞれ「作品を楽しくみるためのことばの箱」を設け、その中には鑑賞を楽しむためのヒントや投げかけを記した数枚のカードを入れました（図2）。例えば「この子はどこから来たの？　そして、どこに行くの？」「この絵のどこからどんな音がするかな？」などです。あれこれと話し合いながら鑑賞する姿を期待したのです。また、動作を真似するための「スローモーションレーン」、座ってみるための畳、そして作品の部分をのぞくための「手づくり望遠鏡」など、楽しい小道具も用意し、いつもと違う視点を提供しようと努めました（図2）。

②大学と共催した「こどもものづくり大学校」

　また、新潟県立近代美術館に隣接する長岡造形大学が主催となって、小・中学生を対象に開催している「こどもものづくり大学校」（全10回）では、毎年共催していました。この取り組みは年3回美術館で実施され、そのたび

図2　常設展「不思議の国へようこそ」の展示の工夫

に子どもたちが美術館とつながりやすくなるような工夫を凝らしていました（図3）。

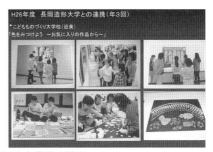

図3　こどもものづくり大学校の様子

③出前授業

　新潟県内の幼・保、小・中学校、高等学校、児童館などへの出前授業も随時行っていました（図4）。

図4　出前授業の様子

④研修会「これからの鑑賞のヒント」

　私が発端となり、新潟県内の幼・保、小・中・高・大学教員と他館学芸員を対象とした鑑賞教育に関する研修会「これからの鑑賞のヒント in 新潟県立近代美術館」を、多くの方々の支援と協力のもとに開催し、美術教育や鑑賞の魅力を共有しました（図5）。その際、文部科学省の岡田京子調査官（当時）、東京都美術館の稲庭彩和子学芸員（当時）をパネリストとして招き、パネルディスカッションや情報交換会を開催し、教員や他館の学芸員との交流を深めることができました。

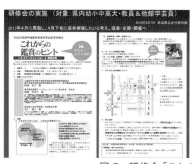

図5　研修会「これからの鑑賞のヒント」の様子

（2）自己肯定感を高めるための手立て[*2]

　大きな学びを得た美術館での4年間の勤務を経て、公立小学校へ異動となりました。当時の勤務校では、目指す学校像として「笑顔かがやく○○小」

を掲げ、その実現のために「朝の出会いから帰りまで、子どもたち一人一人全員の自己肯定感を育むために、安心感と居場所のある学級・学校をつくり続ける」ことに、特に力を入れていました。なぜなら、6月に実施した「子どもアンケート」の中の「自分のことが好き」という項目に対する肯定的な回答が、全校平均72.6％と8割に満たない結果だったからです。また、6月の教職員アンケートには、「子どもたちは自分自身に対する見方や考え方などが多様ではなく、一元的なものさしで捉えているのかもしれない」「子どもが自己肯定感を感じられるように、教師を含めた大人に認められる経験が必要なのかもしれない」といった記述がありました。大人から認められ、自分自身に対する見方や考え方が広がれば、自己肯定感が高まり、より一層自信をもって積極的に自分の考えや思いを表現できるのではないかと考えました。

　そこで、校長として、図画工作科の学習活動を通して、子どもの自己肯定感を高めたいと考えました。第1章でも述べたように、図画工作科は、多様な見方や感じ方、考え方を他教科よりも育みやすい教科特性があるからです。「互いのよさや個性などを認め尊重し合うようにする指導」のもとで行われる学習は、自己肯定感を高めやすいものであると考えました。そして、子どもの自己肯定感を高めるために、次の3つの取り組みを新たに始めました。

---

①　アーティストと一緒に作品をつくり、認められる経験をする。【アーティストとの連携】

②　自分の作品が美術館や学校で展示され、それを鑑賞し、保護者・地域住民・友達から認められる経験をする。【美術館や保護者との連携】

③　教師から認められる経験をする。【教師を対象にした研修会と教職員の変容】

---

　①②については、「八色の森の美術展」のアーティストと連携したワークショップを行い、その作品を南魚沼市池田記念美術館に展示していただきました。ワークショップの具体的な内容を以下に紹介します。

（3）ワークショップの実施[*3]

活動名	「プカプカプー〜うかぶ・たびする・シマをつくろう〜」
	（立体作品）
対　象	全校児童
講　師	イシザワエリ氏
日　時	2018年7月25日（水）
場　所	小学校体育館
ねらい	作品制作を通して、普段見ている風景の新しい見方を提案する。多様な素材を選び、組み合わせる中で、子どもたち一人一人の発想力の広がりをみつめる。作品を制作して遊ぶ中で、一人一人の発想の違いを感じ、味わう。

　ワークショップ当日の数か月前から、学校と高橋館長と作家のイシザワ氏との間で打ち合わせを何度も行いました。

　当日の導入において、イシザワ氏は子どもたちに様々な島の写真を紹介しました。お家みたいな島、植物でできていて必要なエネルギーのすべてを補うことのできる島など。そして、次のようなやりとりが行われました。

（I＝イシザワ氏、T＝高橋館長、C＝子ども）

Ｉ：植物の「プカプカプー」があったり、お家みたいな「プカプカプー」や宝島があったりしましたね。今日は、みんなと一緒に考えながら、「プカプカプー」をつくっていきたいなーと思います。それでね、つくったら、実際に水の上に浮かべて、そう、浮かべるところは……。
　（高橋館長と交代し、池田記念美術館の画像を投影する）

Ｔ：ここがどこかわかりますか？

Ｃ：わかりません。

Ｔ：みんな浦佐って行ったことあるよね。浦佐の公園の中に、こういう建物があります。「池田記念美術館」と言います。来たことある人は

　いますか？

　（3名挙手）

Ｔ：美術館のまわりに池がたくさんあります。そこに、みんなのつくっ
　　たプカプカプーを1か月ぐらい展示しておく予定です。だから、み
　　んなの作品が浮かんでいるのを想像しながら、今日つくってみてくだ
　　さい。そして、また、美術館に遊びに来てください。

Ｉ：つくりたい人？

Ｃ：はーい！（ほとんどの子どもが挙手）

Ｉ：じゃあ、やってみよう！

　発砲スチロールの塊、笹の葉、ストロー、竹ひご、楊枝、カラースポンジ、
カラーテープなど、魅力的な材料が豊富に用意されました。子どもたちはそ
れらを手に、目を輝かせながら、身体で感じ、考え、楽しみながらつくり始
めていました。

　個人でつくる子もいれば、友達と一緒につくる子もいます。思い思いの立
体作品「プカプカプー」をつくり、つくりかえ、つくり続けました（図6左）。

　完成した作品は、髙橋館長の説明通り、美術館のまわりの池に展示されま
した。子どもたちは美術館に足を運び、水の上で浮いている自分の作品をう
れしそうにみていました（図6右）。

　この機会を通して、自分自身の作品を含め、どの作品にもその子らしさや
多様な表現によるよさがあることを、身をもって実感できたことでしょう。

図6　ワークショップ「プカプカプー」と鑑賞の様子

子どもたちにとって、かけがえのない経験となりました。

そして、その翌年には、次のワークショップを実施しました。

活動名 「線と色と形のワークショップ」

対象 全校児童、全学級担任

講師 佐藤未来氏

日時 2019年9月4日（水）

場所 小学校体育館

ねらい 線と面による画面構成をメインにして、リズムのある作品制作に挑戦する。美術館の展示場所を想定し、アクリル板の透明素材を画用紙の代わりに使い、日中と夕方とでみえ方の変化を感じるようにする。素材、色、形にある程度制限をかけることで、その中でどれだけおもしろい形や線を発見できるかを楽しむ活動にする。

　子どもたちは、今までにみたこともない、ありそうもないものを楽しみながらつくり出す造形表現活動を行いました。

　ワークショップ当日、1～3年生は1・2時間目に、4～6年生は3・4時間目に広い体育館で実施しました。画用紙ではなく透明のB4サイズのアクリル板に、ペンや筆ではなく綿棒を使って、アクリル絵の具で表現しました。さらに、カラーセロファンを思い思いにハサミで加工して貼りつけたり、自分の名前のサインを工夫して描いたり、豊富な材料や用具を用いて、色の変化も楽しみながらつくり続けました（図7）。

　このワークショップは、6年生にとっても初めての経験となりました。世界に一つしかない素敵な作品とともに、新しい見方や感じ方をつくる子どもたちの姿がみられました。

　3年生の子どもの振り返りの一部を紹介します（下線は筆者が追記）。

　・はじめに、ぐにゃぐにゃの線やギザギザ、くるくるなどいろいろな線

2019年9月4日　線と色と形のワークショップ

図７　「線と色と形のワークショップ」の様子

をかきました。次に、自分の名前を線の中にかくしました。だれにも
わからないところにかくしました。他にもいろいろな線をつくってか
きました。そして、カラーセロファンをいろいろな形に切って、手に
のりをつけて、はりました。とてもじょうずにできました。ぐにゃぐ
にゃのおばけもかきました。とても楽しかったです。今度池田記念美
術館に10月にかざられるので、ぜひ見に行きたいです。またやりた
いです。（３年生ａさん）

・最初にいろいろな線をかきました。みんなのを見たらとてもきれいで
　した。つぎに、自分の名前を線でかくしました。自分の名前をかくす
　のは、むずかしかったけど、楽しかったです。みんなで見せ合いまし
　た。今度、ママとびじゅつ館に見に行きたいです。（３年生ｂさん）

　このワークショップで生み出された子どもたちの作品は、南魚沼市池田記
念美術館に、35名の現代アート作品と一緒に展示されました。そして、子

どもたちはその展示を鑑賞しました（図8）。自分の背丈よりも大きな作品を前に、題名を語り合うなどの対話型鑑賞を行いました。

図8　現代アートと自分たちの作品を鑑賞する様子

　さらに、「哲学対話」を実践・研究している立教大学の河野哲也氏と連携した哲学対話にも参加しました（図9）。

　河野哲也氏は、『じぶんで考えじぶんで話せるこどもを育てる哲学レッスン』などを著し、P4C（Philosophy for Children）を実践・研究されています。対話を通じて思考を深めることを目的としています。

　「哲学対話」の活動を通して、「自分の意見を聞いてくれてうれしかった」「友達がこういう意見をもっているとは思わなかった」「いろいろな意見があっておもしろかった」などと、子どもたちは様々な思いを抱いたようです。また、「はじめは緊張したけど、対話型鑑賞と似ていて、いろいろ話せて楽しかった」という感想を口にする子もいました。

　このワークショップをきっかけにして、子どもたちは、常に目の前の作品やみえているものを根拠にして語り合う対話型鑑賞と、作品から離れた話題でも自由に話し、それを受け入れてもらえる哲学対話の、それぞれの対話を経験することができました。いずれも対話を通して、自分ってこんなことを考えていたんだと改めて気づき、思考を深めたり、自分自身の他者性に気づいたりすることにつながりました。自分の考えを否定されない対話の機会を通して、子どもたちの自己肯定感の高まりを感じることができました。

　学校・美術館・アーティストの三者が連携することで、子どもたちの見方

図9　美術館展示室内での哲学対話の様子

や感じ方、考え方、創造性を広げ育むことができると実感しました。これは、子どもたちにとって大きな自信につながる経験となります。

　ワークショップなどの表現活動を通して、自分自身に対する見方が広がり、自己肯定感が高まったことが、「楽しかった」「自分の作品をもっと多くの人に見てほしい」といった感想や子どもたちの笑顔からも推察することができます。そして、「子どもアンケート」の結果では、「自分のことが好き」に対する肯定的な回答が、全校平均72.6%→80.1%と、7.5ポイント上昇したのです。もちろん、本実践のみでこれらの効果が得られたわけではないのですが、アートを通した取り組みの効果は大きいと言えます。

03 自由な鑑賞で心も自由に

　当時の勤務校では、ステージ発表と作品展示をメインにした学習発表会も行っていました。学習発表会には、保護者や地域住民の方々が大勢訪れます。そこで、展示作品を鑑賞する際の留意点を、以下のように伝えました。

保護者・地域住民の皆様へ（お願い）*4

　絵は、子どもの「世界」です。子どもたちは、子どもの理由で絵を描いています。ぜひ、子どもの視点でみるように心がけてください。その

ためには、作品にぐっと近づいて、部分をみるとわかりやすいです。ま
さに、その作品をつくっているときの子どもの眼差しになる行為です。
すると、作品から「子どもの声」が、より一層聞こえてきます。

　おすすめの見方は、「①近づいてみる、②描いた順番をたどる、③題
名を隠して、題名を考えながらみる」です。例えば、絵の具や線の重な
りから、描いた順番がある程度わかります。同じ形の繰り返しからは「こ
の形が大好き」、何度も描き直した跡からは「ここが大変だったんだ！」
という子どもの声が聞こえてきます。その作品を描いている子どもたち
の気持ちを想像しながらご覧ください。

　皆さんはお子さんが絵をみせにきたとき、どのような声をかけられて
いらっしゃいますか？　第一声として、「できたね！」「これをつくった
んだ」と、みせてもらった喜びを伝えます。「上手だね」はあまりおす
すめできません。何かが上手な人ほど、自分より上手な人が社会にいる
ことをよく知っています。では、絵をみせにきたとき、最上の言葉かけ
は何でしょう？　私は「あなたの作品をもっとみたいな」「この作品を玄
関に飾ってみたいな」など、作品を認め、作品を共有しようとする姿勢
が大切だと感じます。「褒める」という意識を捨てて、子どもを丸ごと
受け入れるように心がけます。

　また、お子さんと一緒に作品をみることもおすすめです。その際は、
「ここをこんなふうに表したんだね。ここは苦労したでしょう？」など
とおしゃべりをします。そのとき、無理に褒めようとするよりも、「聞く」
「うなずく」ことを心がけます。「ここ、どうしたの？」「そうなんだ」「な
るほど」「どんな順番で描いたの？」「そうかあ」など。自分の価値観を
いったん脇において、子どもの目線で捉えていく姿勢がとても大切です。

　ぜひ、子どもたちの世界（作品）をお楽しみください。

このように伝えた結果、学習発表会当日の作品鑑賞の様子からは、子ども
に寄り添い、作品から子どもたちの声を聞こう、感じようとしながら鑑賞す
る参観者の姿が多くみられました。そして、ある保護者から、次のような感

想が寄せられたのです。

　以前までは池田記念美術館に親子で行ったこともありませんでしたが、今ではとても入りやすくなりました。これまでは敷居が高くて、作品を鑑賞するときにはある程度の知識が必要で、子どもに何かいいことを言わないといけないと思い込んでいたのです。ところが、子どもと一緒に作品をみて、「何が描いてあるんだろうね」とか「変だね〜」と他愛のない会話でも楽しめるし、それでいいことがわかりました。また、学校でも子どもたちの作品を見るときには、以前までは「この子、上手だね」というように、上手かどうかという視点で捉えがちでした。ところが今では、「この子はこういう個性なんだね」「こういう見え方もあるんだね」と感じられるようになり、表現はもっと「自由」でいいんだと思えるようになりました。これは、子育てのときも一緒で、とても生きやすくなったように感じています。ありがとうございました。

　鑑賞を通して、作品の見方のみならず、子育てに対する考え方も変わったと綴られています。自由に鑑賞することで、心までも自由になるのだということが、この保護者の感想から伝わってくるでしょう。

　対話型鑑賞は、鑑賞者の心に自由をもたらすのです。

注）---
＊1　青木善治「互いのよさや個性を認め尊重し合う子どもの育成に関する教育実践研究—対話による美術朝鑑賞（朝鑑賞）の活動を通して」大学美術教育学会『美術教育学研究』第54号、2022、pp. 1-8

＊2　本稿は、以下の論文をもとに加筆したものである。青木善治「自己肯定感を高め，生き生きと表現する子どもの育成に関する教育実践研究—作家や美術館，保護者，教職員との連携を通して—」大学美術教育学会『美術教育学研究』第53号、2021、pp. 1-8

＊3　同上、pp. 3-8

＊4　奥村高明『子どもの絵の見方　子どもの世界を鑑賞するまなざし』東洋館出版社、2010、pp. 8-13における作品の見方、「①近づいてみる、②描いた順番をたどる、③その子の理由を考える」であるが、これらを参考にし、筆者の美術館やこれまでの経験をもとに示した。

おわりに

　本書では、朝鑑賞を単なる方法として行うのではなく、現在の社会や学校制度をはじめ、子ども、図画工作、美術、美術館、学び、といった既成の価値観や概念を捉え直し、子どもの姿から私たちが学べるものは何なのかという本質的なものに目を向けてきました。そして、実際の場面において、子どもたちは何を学んでいるのか、現象学的に考察してきました。

　改めてこの朝鑑賞の場を捉え直してみると、正解や不正解を一切気にせずに、作品をみて感じたことを思いのままに表現できる場になっていることがおわかりになったことでしょう。さらに、鑑賞する上で、一人一人の見方や感じ方は異なり、不正解はないのだということが子どもたちにも浸透していることがわかります。誰かが発表した後に、その内容について否定するようなことを言う子どもは一人もいません。

　「朝鑑賞」には、人間的な感覚を回復させたり、人と人の関係を豊かにしたり、学級を健全な環境にしたりする働きがあります。しかも、わずか15分間において、それが可能なのです。

　つまるところ、子どもたち一人一人にとって本当に必要なのは、今ここに自分が存在することについて抱いている不安や心配を軽減すること、「生きる力」を子ども自らが関わり合いの中で培っていくことであると考えます。「自分はこの学級に存在していてもいいんだ」「自分には自分のよさがあるんだ」ということを、言葉だけではなく、相互の関わり合いの中で身をもって感じていくことが何よりも大切です。そのために、人と人とが関わり合って生きていくことは素敵なことなのだということを子どもが感じ取ることができる環境や状況をつくっていく必要があります。これがまさに、教育の営みではないでしょうか。

子どもは小さな哲学者です。「無知の知」であり続けることはなかなか大変なことですが、子どもたちを見習って、柔軟な身体や感覚を取り戻し、当たり前のことを捉え直しながら謙虚に生きていくことが、この閉塞的な状況を打開していく上で大切だと考えています。今、一番求められているもの、それは、子どもと共に教師自身も変容し、子どもの姿から学び続けていくことです。生涯をかけて変容し続け、さらに図画工作科や美術教育の有効性や学校教育の可能性を明らかにしていきたいと考えています。

　最後に研究協力・ご支援をいただいた加藤洋一先生、宮﨑良雄先生、久保田篤先生、億田明彦先生、立教大学河野哲也氏、国立美術館国立アートリサーチセンター主任研究員稲庭彩和子氏、前文部科学省教科調査官岡田京子氏、新潟県立近代美術館・南魚沼市池田記念美術館・南魚沼市教育委員会・南魚沼市立上関小学校・三条市立栄北小学校・滋賀県彦根市立平田小学校・彦根市立高宮小学校・彦根市立亀山小学校・米原市立米原小学校・彦根市教育委員会・滋賀県美術教育研究会・滋賀大学教職大学院生のみなさま、そして25年以上も前になりますが、現象学的な研究の礎となった上越教育大学大学院での2年間の貴重な研修の機会を与えてくださった新潟県教育委員会および関係各位にも心よりお礼申し上げます。さらに、上越教育大学大学院にて子どものすごさや教育の本質を教授くださった西野範夫先生、大嶋彰先生、松本健義先生、同じ院生室で学び合ったみなさん、新関伸也先生、村田透先生、福岡知子先生、同僚の先生方、子どもたち、本当にたくさんの方々から学ばせていただきました。私の拙い研究を本にするために、私と一緒に考え、サポートしてくださった東洋館出版社の上野絵美氏、家族を含め私を支えてくださったすべてのみなさまにあらためて心よりお礼申し上げます。

2024年1月　　　　　　　　　　　　　　　　　　　青木善治

参考文献

- 市川伸一編『発達・学習・教育』ブレーン出版、1999
- 市川浩『精神としての身体』講談社、1992
- 井筒俊彦『意識の形而上学』中央公論社、1993
- 今村仁司『近代性の構造』講談社、1994
- 稲垣佳世子・波多野誼余夫『人はいかに学ぶか』中公新書、1989
- 稲垣忠彦『授業研究の歩み』評論社、1995
- 稲庭彩和子編著『こどもと大人のためのミュージアム思考』左右社、2022
- 今井康雄編『モノの経験の教育学　アート制作から人間形成論へ』東京大学出版会、2022
- 上野行一『風神雷神はなぜ笑っているのか　―対話による鑑賞完全講座』光村図書、2014
- 上野直樹『仕事の中での学習　―状況論的アプローチ』東京大学出版会、1999
- 内田隆三『ミシェル・フーコー』講談社、1990
- ウンベルト・エーコ、篠原資明・和田忠彦訳『開かれた作品』青土社、1997
- 岡田京子『成長する授業　子どもと教師をつなぐ図画工作』東洋館出版社、2016
- 奥村高明『子どもの絵の見方　子どもの世界を鑑賞するまなざし』東洋館出版社、2010
- 河野哲也『じぶんで考えじぶんで話せる：こどもを育てる哲学レッスン』河出書房新社、2021
- 河野哲也『問う方法・考える方法：「探求型の学習」のために』ちくまプリマー新書、2021
- 門脇厚司『子どもの社会力』岩波新書、1999
- 北澤晃『造形遊びの相互行為分析』せせらぎ出版、2007
- 北沢憲昭『眼の神殿』美術出版社、1989
- 木下直之『美術という見世物』平凡社、1993
- 京都芸術大学アート・コミュニケーション研究センター『ここからどう進む？対話型鑑賞のこれまでとこれから　アート・コミュニケーションの可能性』淡交社、2023
- 佐伯胖『「学ぶ」ということの意味』岩波書店、1995
- 佐伯胖『「学び」を問い続けて　授業改革の原点』小学館、2003
- 佐伯胖・藤田英典・佐藤学『学び合う共同体』東京大学出版会、1996
- 桜井哲夫『「近代」の意味　―制度としての学校・工場―』NHK出版、1984
- 佐藤道信『〈日本美術〉誕生　近代日本の「ことば」と戦略』講談社、1996
- 佐藤学『教育方法学』岩波書店、1996
- 佐藤学『専門家として教師を育てる教師教育改革のグランドデザイン』岩波書店、2015
- 佐藤公治『対話の中の学びと成長』金子書房、1999
- J・デューイ、市村尚久訳『学校と社会・子どもとカリキュラム』講談社、1998
- ジーン・レイヴ、エティエンヌ・ウエンガー、佐伯胖訳『状況に埋め込まれた学習　―正統的周辺参加―』産業図書、1997
- J・デューイ、鈴木康司訳『芸術論　―経験としての芸術―』春秋社、1969

- ジェームス V. ワーチ、田島信元・佐藤公治・茂呂雄二・上村佳世子訳『心の声 ―媒介された行為への社会文化的アプローチ』福村出版、2004
- 白井俊「OECD Education2030 プロジェクトが描く 教育の未来 - エージェンシー、資質・能力とカリキュラム」ミネルヴァ書房、2020
- 末永幸歩『「自分だけの答え」が見つかる 13 歳からのアート思考』ダイヤモンド社、2020
- 鈴木有紀『教えない授業 美術館発、「正解のない問い」に挑む力の育て方』英治出版、2019
- 竹内敏晴『思想する「からだ」』晶文社、2001
- ドナルド・A・ショーン、柳沢昌一・三輪健三訳『省察的実践とは何か ―プロフェッショナルの行為と思考―』鳳書房、2015
- 永井均『〈子ども〉のための哲学』講談社現代新書、1996
- 中田基昭『授業の現象学』東京大学出版会、1993
- 中田基昭『教育の現象学』川島書店、1996
- 中野民夫『ワークショップ』岩波新書、2001
- 中村雄二郎『哲学の現在』岩波書店、1996
- ニール・ポストマン、小柴一訳、『子どもはもういない』新曜社、1995
- 新関伸也・松岡宏明編『ルーブリックで変わる美術鑑賞学習』三元社、2020
- 西阪仰『相互行為分析という視点』金子書房、1997
- 西野範夫・水島尚喜編『新しい学力観に立つ授業展開のポイント図画工作科』東洋館出版社、1995
- 西野範夫『改定小学校学習指導要領の展開図画工作科編』明治図書、1999
- 浜田寿美男『いま子どもたちの生きるかたち』ミネルヴァ書房、1998
- H・リード、須郷博訳『平和のための教育』岩波書店、1952
- H・リード、増野正衛訳『芸術の草の根』岩波書店、1956
- フィリップ・ヤノウィン、京都造形芸術大学アート・コミュニケーション研究センター訳『どこからそう思う？ 学力をのばす美術鑑賞ヴィジュアル・シンキング・ストラテジーズ』淡交社、2015
- 福原義春編『100 人で語る美術館の未来』慶應義塾大学出版会、2011
- ブレイディみかこ『他者の靴を履く』文藝春秋、2021
- 丸山圭三郎『ソシュールを読む』岩波書店、1983
- 丸山圭三郎『欲動』弘文堂、1989
- 蓑豊『超・美術館革命 ―金沢 21 世紀美術館の挑戦』角川書店、2007
- 宮坂元裕『「造形教育」という考え方』日本文教出版、2006
- 宮台真司・尾木直樹『学校を救済せよ』学陽書房、1998
- モーリス・メルロ＝ポンティ、中山元訳『メルロ＝ポンティコレクション』ちくま学芸文庫、1999
- 茂呂雄二『対話と知』新曜社、1997
- 山本哲士『学校の幻想 教育の幻想』ちくま学芸文庫、1996

■著者紹介

青木善治 Yoshiharu Aoki

1964年生まれ。博士（学校教育学）。
滋賀大学大学院教育学研究科高度教職実践専攻教授。
兵庫教育大学大学院連合学校教育学研究科教授（兼任）。
専門は学校教育学、図画工作科・美術教育。

新潟県公立小学校、上越教育大学附属小学校、新潟県教育庁文化
行政課（新潟県立近代美術館学芸課）、南魚沼市立上関小学校校長、
三条市立栄北小学校校長などを経て現職。
平成19年度文部科学大臣優秀教員表彰、第45回教育美術賞佐武
賞佳作（2010年）、第60回読売教育賞「美術教育部門」最優秀賞（2011
年）、第5回辰野千壽教育賞優秀賞（2012年）、第68回読売教育賞「カ
リキュラム・学校づくり部門」優秀賞（2019年）などを受賞。
子どもたちや教職員にとって魅力的な学校・教室・環境にするために、
悩み、考え、周囲の協力を得ながら実践してきたのが「朝鑑賞」と「造
形活動」。現在は滋賀県内をはじめ、様々な地域で朝鑑賞の普及に努
めている。
趣味はバイク（R1250GS、CRM250R）、スキー、スケート、スノボー、
スケボーなど。

教師が「教えない人」になれる時間
15分間の「朝鑑賞」が子どもの自己肯定感を育む

2024（令和6）年3月9日　初版第1刷発行

著　者　青木善治
発行者　錦織圭之介
発行所　株式会社東洋館出版社
〒101-0054　東京都千代田区神田錦町2丁目9番1号
コンフォール安田ビル2階
代　表　TEL：03-6778-4343　FAX：03-5281-8091
営業部　TEL：03-6778-7278　FAX：03-5281-8092
振替　00180-7-96823
URL　https://www.toyokan.co.jp

［装丁・本文デザイン］中濱健治
［印刷・製本］藤原印刷株式会社

ISBN978-4-491-05444-5　　Printed in Japan